DIANLIQIYE KEHU FUWU ZUOYE ZHIDAOSHOUCE

电力企业客户服务

作业指导手册

国网河南省电力公司电力科学研究院客户服务中心　组编

中国电力出版社
CHINA ELECTRIC POWER PRESS

内 容 提 要

本书从电力客户投诉的性质出发，借助漫画的形式详细分析了具有不同特征的电力客户投诉的类型，理性和非理性电力客户投诉的心理形态，不同类型的电力客户群体的用电特征及其各群体的投诉心理，解决客户投诉的心理原则、处理客户投诉的心理技巧、提高与客户沟通效果的技巧、电力客户情绪应对策略和应对技巧、不同行为特征背后的客户心理现象分析，最后以漫画的形式描绘了处理电力投诉的六步曲。

本书共分为五章，内容包括电力客户投诉的性质、不同特征的电力客户心理形态分析、不同群体电力客户的用电特征、电力客户投诉处理方法和电力服务风险点管控。最后，附上名词解释。

本书可作为电力行业客户服务中心相关管理人员和客户现场服务人员的学习指导用书，对其他类似行业的客户服务从业人员也有一定的参考价值。

图书在版编目（CIP）数据

电力企业客户服务作业指导手册 / 国网河南省电力公司电力科学研究院客户服务中心组编 .
—北京：中国电力出版社，2017.11
　　ISBN 978-7-5198-0717-7

　　Ⅰ . ①电… 　Ⅱ . ①国… 　Ⅲ . ①电力工业 – 工业企业管理 – 销售管理 – 中国 – 手册
Ⅳ . ① F426.61–62

中国版本图书馆 CIP 数据核字（2017）第 233269 号

出版发行：中国电力出版社
地　　　址：北京市东城区北京站西街 19 号（邮政编码 100005）
网　　　址：http://www.cepp.sgcc.com.cn
责任编辑：岳　璐（010-63412339）　孙　晨
责任校对：常燕昆
装帧设计：左　铭　赵丽媛
责任印制：邹树群

印　　刷：北京大学印刷厂
版　　次：2017 年 11 月第一版
印　　次：2017 年 11 月北京第一次印刷
开　　本：710 毫米 ×980 毫米　16 开本
印　　张：7.75
字　　数：100 千字
印　　数：0001—2000 册
定　　价：32.00 元

编委会成员

主编　杨建龙　闫爱国　刘广衮　文耀宽

编写　武宏波　张水喜　王洪亮　陈　兴

　　　王君莉　郭朝勇　岳寒冰　张　侃

　　　叶　雷　王晓磊　赵　洁　毛　越

　　　李　恒　李　伟　徐二强　武　杰

　　　肖　峰　孙甜甜　李亚男　张　哲

　　　牛慧涛

前 言

　　什么是电力客户现场服务？在 21 世纪的今天，电力客户现场服务的理念和思想已经发生了很大变化，在追求让电力客户最大程度满意的同时，保证顾客利益最大化、满意度最大化成为这个时代电力客户现场服务的准则。

　　卓越的电力客户服务不能仅仅满足于让客户满意和提供有限的顾客价值，还要让客户获得超价值的服务和最大限度的附加值。这才是我们电力服务人追求的永恒目标。

　　面对日益多变的客户需求和消费要求不断升级的客户，卖方市场的时代一去不返，关注电力客户心理特征、研究不同用电群体的用电特征、改革和完善客户投诉处理技巧，全面提升客户满意度，是建立电力企业新的竞争优势、塑造电力企业全新的社会形象需要面对的崭新课题。因此，电力企业要在激烈的竞争中求生存、谋发展，除在电力服务方面积极创新外，还需要彻底改变传统服务观念、改变坐等客户上门的做法。真正认清电力客户需求本质，真正把电力顾客当作电力服务价值的共同创造者和分享者对待，树立电力服务商、电力消费者和电力客户群体是一个利益共同体的全新概念，真正站在电力客户消费现场的视角理解和体会电力客户投诉，不忘初心，用心服务，电力客户现场服务水平才能迈上新的台阶，电力企业才能在消费者心中塑造新的社会形象。

本书从电力客户投诉的性质出发，详细分析了具有不同特征的电力客户投诉的类型，理性和非理性电力客户投诉的心理形态，不同类型的电力客户群体的用电特征及其各群体的投诉心理，解决客户投诉的心理原则、处理客户投诉的心理技巧、提高与客户沟通效果的技巧、电力客户情绪应对策略和应对技巧、不同行为特征背后的客户心理现象分析，最后描绘了处理电力投诉的六步曲。

本书可作为电力行业客户服务中心相关管理人员和电力客户现场服务人员的学习指导用书，对其他类似行业的客户服务从业人员也有一定的参考价值。

编　者

2017 年 7 月

目　录

第一章

电力客户投诉的性质

当顾客对产品感到不满意时，他会有两种选择：说出来或掉头就走。如果他们选择离开，那就是不给企业任何机会去弥补过失；相反，愿意说出来的顾客是在和企业沟通，使企业有机会改进工作。因此，不管多么不情愿听到负面的反馈意见，企业还是应该心怀感激地认为，那些投诉是顾客送给企业的一份礼物。不管在哪个行业的服务中，客户投诉都是一个无法完全避免的问题。从表面上看，客户投诉是对企业服务的质疑与不满，但从本质上说，客户投诉像一面镜子，使服务提供者能够及时发现自己服务的瑕疵和弱点，并及时给予完善。"亡羊补牢，犹未晚也"虽然只是一句成语，但是用它来比喻企业必须有效地处理顾客投诉，是再恰当不过了。

对于广大一线员工来说，如何面对投诉、了解投诉背后隐藏着什么心理需求，是工作中最为棘手的问题。本章通过大量实证研究和现实经验，对客户投诉的心理及行为进行分析，结合电力客户特点，对客户的心理需求进行详细阐述。从投诉的性质，即正当、不正当、其他心理投诉类型进行区分，指出三种性质下投诉的心理维度。从用户的角度看到服务本身，乃至公司、行业内存在的问题，真正找到客户投诉的价值所在。

第一节 电力客户的心理需求与投诉

很多供电服务人员在客户服务工作中，对客户投诉有抵触心理，遇到客户投诉时，甚至会莫名的紧张，不知道如何处理和安抚客户情绪。其实，每件事情的发生，总会有它发生的前因后果。仔细想想，如果不是我们服务工作没有做到位，那就是客户的需求没有得到满足，需要有个渠道将他们的需求倾诉，以引起我们的重视。在对这些复杂的心理过程加以分析时，我们不难发现，其背后的相似之处。因此，若要恰当处理客户各种各样的投诉行为，首先应当对客户在购买与使用产品时的具体心理需求有明确的了解，从而根据不同方面和不同层次的心理需求有针对性地进行解决。在有关客户心理需求的探讨中，人本主义心理学的需要层次理论提供了较好、较全面的介绍与参考。而客户投诉的不同层次的心理需求一定程度上也可以用美国著名心理学家马斯洛的需要层次理论来解释。

在这个理论中，马斯洛将人类的需要像阶梯一样从低到高按层次分为五种，分别是生理需要、安全需要、社交需要、尊重需要和自我实现需要，如图1-1所示。

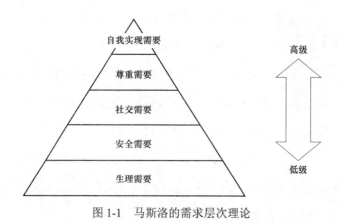

图 1-1 马斯洛的需求层次理论

简单来说，处于金字塔最下层的生理需要，是人们最原始、最基本的需要，如空气、水、吃饭、穿衣、性欲、住宅、医疗等，如果得不到满足，人类的生存就成了问题，是最强烈的，不可避免的最底层需要，也是推动人们行动的强大动力。马斯洛认为，只有这些基本需要能够满足到生存所必需的程度，其他更高级的需要才能成为新的激励因素。而到了那时，最底层的生理需要也不再是重要的激励因素。

安全需要指的是人们在劳动安全、职业安全、生活稳定、希望免于灾难、希望未来有保障等方面的需要。安全需要比生理需要较高一级，当生理需要得到满足后就要保障这种需要。每个在现实中生活的人，都会产生安全感的欲望、自由的欲望、防御实力的欲望。

社交需要也叫归属与爱的需要。一方面，人人都需要和希望来自所有社会成员的关爱，如个人渴望得到家庭、团体、朋友、同事的关怀爱护理解，是对友情、信任、温暖、爱情的需要；另一方面，人们也存在归属的需要，即人都有一种归属于一个群体的感情，希望成为群体中的一员，并相互关心和照顾。社交的需要比生理和安全需要更细微、更难捉摸。它与个人性格、经历、生活区域、民族、生活习惯、宗教信仰等都有关系，这种需要是难以察觉、无法度量的。

尊重需要可分为自尊、他尊和权力欲三类，包括自我尊重、自我评价及尊重别人。尊重需要很少能够得到完全的满足，但基本上的满足就可产生推动力。尊重需要又可分为内部尊重和外部尊重。内部尊重是指一个人希望在各种不同情境中有实力、能胜任、充满信心、能独立自主。总之，内部尊重就是人的自尊。外部尊重是指一个人希望有地位、有威信，受到别人的尊重、信赖和高度评价。马斯洛认为，尊重需要得到满足，能使人对自己充满信心，对社会满腔热情，体验到自己活着的用处和价值。

自我实现需要是最高等级的需要。满足这种需要就要求完成与自己能力相称的工作，最充分地发挥自己的潜在能力，成为所期望的人物。有自我实现需要的人，似乎在竭尽所能，使自己趋于完美。自我实现意味着充分地、活跃地、忘我地、集中全力全神贯注地体验生活。

马斯洛认为，人们的五种需要像阶梯一样从低到高，按层次逐级递升。需要的层次越低，力量越强；层次越高，力量越弱。只有低层次需要得到相对满足后，高层次需要才会出现。追求更高一层次的需要就成为驱使行为的动力。但五种需要层次的次序并不是完全固定的，在一定的特殊情境下也会有例外。五种需要可以分为两级，其中生理需要、安全需要和社交需要都属于低一级的需要，这些需要通过外部条件就可以满足；而尊重需要和自我实现需要是高级需要，它们通过内部因素才能满足。并且，一个人对尊重和自我实现的需要是无止境的。同一时期，一个人可能有几种需要，但每一时期总有一种需要占支配地位，对行为起决定作用。任何一种需要都不会因为更高层次需要的发展而消失。各层次的需要相互依赖和重叠，高层次的需要发展后，低层次的需要仍然存在，只是对行为影响的程度大大减小。

此外，马斯洛和其他行为心理学家认为，一个国家多数人的需要层次结构是同这个国家的经济发展水平、科技发展水平、文化和人民受教育的程度直接相关的。在发展中国家，生理需要和安全需要占主导的人数比例较大，而高级需要占主导的人数比例较小；在发达国家，则刚好相反。

在了解不同层次的客户心理需求基础上，可以进一步明确电力客户对产品使用是否满意主要来源于哪些因素，导致客户不满意并引发投诉行为的原因有哪些，从而做到有的放矢。美国的顾客满意度测评指标体系是根据费耐尔逻辑模型而来的。美国密歇根大学商学院质量研究中心的费耐尔博士提出把顾客期望、购买后的感知、购买的价格等方面因素组成一个计量经济学模型，这个模型把顾客满意度的数学运算方法和顾客购买商品或服务的心理感知结合起来。以此模型运用偏微分最小二次方求解得到的指数，就是顾客满意度指数。

在费耐尔经济模型基础上建立的顾客满意度测评指标体系是一个多指标的结构，运用层次化结构设定测评指标，能够由表及里、深入清晰地表述顾客满意度测评指标体系的内涵。测评指标体系共划分为四个层次，每一层次的测评指标都是由上一层测评指标展开的，而上一层次的测评指标则是通过下一层次的测评指标的测评结果反映出来的。其中，顾客满意度指数是总的测评目标，为一级指标，即第一层次；顾客满意度模型中的顾客期望、顾客对质量的感知、顾客对价值的感知、顾客满意度、顾客抱怨和顾客忠诚等六大要素作为二级指标，即第二层次；根据不同的产品、服务、企业或行业的特点，可将六大要素展开为具体的三级指标，即第三层次；三级指标可以展开为问卷上的问题，形成了测评指标体系的四级指标，即第四层次。实际上建立满意度测评指标体系，主要是设定测评指标体系中的三级指标和四级指标。三级指标是一个逻辑框架，在各行业原则上都是可以运用的。对某一具体产品或服务的顾客满意度测评的实际操作中，应该根据顾客对产品或服务的期望和关注点具体选择、灵活运用。测评指标体系的四级指标是由三级指标展开而来，是顾客满意度测评中直接面对顾客的指标，它是和顾客满意度测评问卷中的问题相对应的。

基于顾客满意度测评指标体系，对于电力客户群体的满意度也可以通过类似的测评方法在不同层面上予以衡量（见表1-1）。

表1-1　　　　　　　　　　电力客户的满意度测评指标

一级指标	二级指标	三级指标	四级指标
顾客满意度指数	顾客期望	（1）不同需求的顾客对供电质量和服务质量的总体期望。 （2）顾客对供电质量和服务满足不同层次需求程度的期望。 （3）不同价值观念的顾客对供电质量和服务质量的期望	（1）客户电话录音分析。 （2）问卷调查分析

一级指标	二级指标	三级指标	四级指标
顾客满意度指数	质量感知	（1）顾客对供电质量的总体评价。 （2）顾客对维修供电的评价。 （3）顾客对供电稳定性的评价	（1）客户电话录音分析。 （2）问卷调查分析
	服务感知	（1）顾客对服务质量的总体评价。 （2）顾客对服务满足不同层次需求程度的评价。 （3）不同价值观念的顾客对服务质量的评价	（1）马斯洛需要层次理论。 （2）客户的价值观念分类
	价值感知	（1）给定价格条件下顾客对质量级别的评价。 （2）给定质量条件下顾客对价格级别的评价。 （3）顾客对总价值的感知	（1）客户电话录音分析。 （2）问卷调查分析
	顾客满意度	（1）总体满意度。 （2）感知与期望的比较	（1）客户电话录音分析。 （2）问卷调查分析
	顾客抱怨	（1）顾客抱怨。 （2）顾客投诉情况	（1）客户电话录音分析。 （2）问卷调查分析

第二节　电力客户正当投诉心理

一般来说，正当投诉心理主要包括发泄心理、求尊重心理、求补偿心理、求认同心理、建议心理和求公平心理。

（一）发泄心理

如今生活压力大，有些客户本来心中就积压着诸多不满，当企业提供的服务没有满足客户的基本需求，或者提供的服务没有使客户满意时，这些不满集中到一起，很容易让客户将自己的不满传递给企业，把自己的怨气发泄出来，使投诉者不快的心情得到释放和缓解，恢复心理上的平衡。

在这种心理的驱使下，客户的情绪一般较为激动，语气和态度较为强硬，音量也会随着情绪的激动而有所增加，说话的节奏一般较快，用词比较激进，甚至会出现破口大骂，使用不文明语言的行为。如果不了解客户心理，有些服务人员可能会因此责怪客户，甚至发生冲突。

但是，如果我们从客户的角度出发，了解客户发泄的心理，就可以明白客户的情绪是完全有理由的，理应得到极大的重视和最迅速、合理的解决。在此时，工作人员的耐心倾听就是帮助投诉者发泄的最好方式，切忌打断客户，让他的情绪宣泄中断、淤积怨气。

此外，投诉者发泄的目的在于取得心理平衡，恢复心理状态，客服或工作人员在帮助他们宣泄情绪的同时，还要给予正面积极的反馈，让客户知道你非常理解他的心情，关心他的问题："王先生，对不起，让您感到不愉快了，我非常理解您此时的感受。"无论客户的发泄是否合理，至少在客户的世界里，他的情绪与要求是真实的，只有与客户的世界同步，才有可能真正了解他的问题，找到最合适的方式与他交流，从而为成功的投诉处理奠定基础。

如图 1-2 所示，处于这一阶段的客户在感觉到电力服务无法满足自己的需求，或者突如其来的停电事故导致自己的工作无法正常进行甚至由此给自己造成不可挽回的损失而又得不到及时补偿，或者得不到服务商可靠的服务承诺时，往往会借此发泄长期以来积压在心中的不满和牢骚。

（二）求尊重心理

求尊重是人的正常心理需要。在电力服务的交往过程中，客户求尊重的心理一直十分明显，而在进行投诉活动时这种心理更加突出。他们总认为自己的意见是正确的，希望受到有关部门应有的重视。

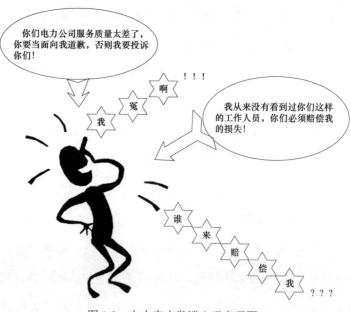

图 1-2　电力客户发泄心理表现图

此类投诉客户要求别人尊重他的意见，不仅把眼光放在解决问题上，还希望能得到公司的尊重，他们会反复强调所反映的问题为什么没有得到应有的重视，如"我很早以前就给你们打过电话，为什么没有人来处理？"，同时也会表达出对相应部门的失望。客户希望服务人员向他表示歉意，并立即采取行动。

在处理这类投诉过程中，投诉者最迫切得到的就是一个态度，服务人员能否对投诉者本人给予认真接待，能否对投诉问题表示重视，能否及时表示歉意并及时采取有效的措施，这一点比什么都重要。除此以外，还要注意在语言上使用正式称谓，用词严谨准确，无"异议"，不抢话，主动承担等，都可以让客户感觉到自己受到了尊重。尊重是沟通的第一步，也是表达人与人之间平衡、平等的第一步。在了解到这些心理后，与客户的沟通就会开展的更加顺利。

如图 1-3 所示，抱有求尊重心理的客户最需要服务商能够认真倾听自己的抱怨和投诉，合理对待自己的意见和建议，并能及时给予反馈。作为服务商，要彻底抛弃个人感情因素，用耳朵认真倾听、用心仔细思考，多多地与客户交流沟通，要带着一种把客户当成上帝的谦虚心理用真情对待客户，时刻注意对客户说出的每一句话不会引起客户误解或导致节外生枝，让客户感到自己真正被尊重、被关心、被理解，再大的冤屈或误解经过与服务商耐心细致的沟通交流，最后都会冰消雪融，得到合理解决。

图 1-3 尊重电力客户形式图

（三）求补偿心理

求补偿心理是一种心理适应机制，有些情况下，客户认为由于电力公司的原因使得自己的权益受到了损害，或者造成客户实际的经济损失，此时客户就会要求电力公司给予相应的补偿，值得注意的是，求补偿心理既包括精神上的抚慰，也包括物质上的赔偿。

有这类心理诉求的客户会在投诉过程中明确自己的损失，如"这停电造成我的生意受影响，怎么办？""这电压不稳都把我家的电器弄坏了，你们得赔偿我的损失"等。服务人员要明白客户急切的心情，多花些时间倾听、道歉等，这种耐心对客户而言本身也是一种补偿。

如图1-4所示，寻求补偿的客户，在受到不公正待遇，或者自己的合法权益和诉求得不到完全满足的时候，会向服务商提出赔偿（补偿）要求。正如客户所说，合理的赔偿（经济赔偿）是弥补客户受伤心理的有效手段，是对客户的最大安慰，是赢得客户满意的最佳途径。

图1-4　寻求补偿的电力客户心理图

（四）求认同心理

希望被认同的需求是人类的基本需求之一。当客户遇到问题或没有得到应有的服务时，势必会产生受挫感、不满足感或产生无因的抱怨。因而，客户在投诉过程中，一般都努力证实他的投诉是对的、是有道理的，是不得不做的事情，极其希望获得企业和服务人员的认同。所以服务人员在了解和倾听客户投诉问题时，对客户的感受、情绪要表示充分的理解和同情，应做出认真倾听的姿态，以默许或明言的方式认同客户的感受，如"我理解你为什么如此"等，这有助于帮助企业与客户建立融洽的关系。但在与客户接触的过程中，要注意不能随便认同客户的处理方案。回应是对客户情绪的认同、对客户期望解决问题的认同，给出一个协商解决的信号。客户期望认同的心理得到回应，有助于拉近彼此的距离，为后面协商处理营造良好的沟通氛围。

如图 1-5 所示，客户服务人员在了解客户投诉问题时，要及时观察客户表情，揣摩客户心理感受，观察客户情绪，应表现出对客户充分的理解和同情，以点头默许或握手、拥抱等明确的方式表现出对客户的高度认同，如"我理解你为什么如此""合作共赢"等语句，这些都有助于建立融洽的关系，获得客户的支持。

图 1-5　电力客户求认同心理

（五）建议心理

客户前来投诉，往往也存在着建议的心理，客户既是在投诉和批评，也是在建议和教导。他们希望通过这种方式获得一种成就感，体现自身的价值。若自己的建议或意见被企业采纳，则会感到无比自豪。此类客户的自我实现欲望比较强烈，一般有着较高的素养，善于观察和发现问题，喜欢自己动手解决问题，希望自己的价值能够有所体现，不愿意被人做负面评价，时时维护自己的形象。

这些顾客在经历过某次不愉快的服务后，或者在看到某些服务可能存在失误后，会向服务商委婉地提出自己的建议或见解，如"这个做法是不是合理呢？""这样做会不会效果更好？"，这部分顾客大多是理智型与双赢型客户，如年纪较大的退休工人、受教育程度较高的知识分子、离退休老革命、老干部等，他们在投诉过程中的情绪一般不会过于激动，用词多为说教式语言。

利用客户的建议心理，服务人员在进行投诉处理时，要注意夸奖客户，引导客户做一个有身份的、理智的人。另外，可以考虑性别差异地接待，如男性客户由女性服务人员来接待。在异性面前，多数的客户更倾向于表现自己积极的一面，努力展示自己对服务质量改进的贡献和建议。

如图 1-6 所示，一些客户在向管理人员提建议时，一般不会直截了当地向管理人员满腹抱怨，而是会委婉地说你们电力服务能力实在是如何如何，你们电力服务作风如何如何。他们并不会直接批评或评价电力服务质量或服务水平，而是以提问省略的形式说出，让管理者自己去思考、去评价。对于管理人员，不应该用"你是在投诉还是在提建议"的语气反问客户，而应心平气和地虚心接受客户委婉的建议和评价，认真反思，仔细查找服务中存在的不足或急需改进的地方，给客户一个满意的答复，使客户明确感到自己的建议和投诉得到管理者认可，并给出了积极的回应，让客户感到自己的价值。

图 1-6 电力客户提建议心理

（六）求公平心理

美国心理学家约翰·斯塔希·亚当斯曾提出一种公平心理，他认为人们总会自觉或不自觉地将自己付出的劳动代价及所得到的报酬与他人进行比较，并对公平与否做出判断。公平感直接影响人们的动机和行为。当人们对自己的待遇做社会比较或历史比较的结果表明一致时，便会感到受到了公平待遇，因而心理平衡，心情舒畅；如果认为不一致时，便会感到自己受到了不公平的待遇，产生怨恨情绪，这种感觉越强烈，人们就会产生挫折感、义愤感、仇恨心理，甚至产生破坏心理。

基于这种心理，当客户发现当前出现的问题并没有出现在其他客户身上，或者类似的问题其他客户都能得到及时的处理，而自己的问题却没有得到重视或没有妥善解决时，也会产生不公平感而进行投诉。这类客户在投诉过程中会反复强调自己遭遇的独特性，如"为什么别人家都没有停电，就我们家停电？""其他人都是这样处理的，怎么到我这就不行了呢？"，并且情绪会出现波动。

一旦出现这样的投诉，服务人员要耐心了解在不同客户之间出现差异的原因，解释相应的流程规范，必要时可以告知投诉者其他人也有类似的体验，甚至是更糟糕的经历，以此让投诉者获得一种公平感，这更有利于后续问题的解决。

如图1-7所示，当下，在不少柜台都设有VIP服务窗口，对一些大客户提供专人专业服务，这在实际运营中会引起广大普通客户的不满。尤其是在有很多客户排队等待很长时间却仍然不能得到应用的服务之际，却出现某个大客户因为自己的VIP身份得到特殊服务,更令消费者感到十分不公平。所以,

图1-7　电力客户求公平心理图

在日常服务中，服务中心应公平对待所有客户，不要人为地对客户进行等级划分，这样做即使服务质量很好，也会由于不能公平对待每一位客户而引起某些客户的不满，降低整体满意度。

第三节 电力客户不正当投诉心理

客户投诉一般是为了争取自己的正当权益，但也有部分客户投诉的背后隐藏着不正当的心理动机，常见的有以下几种。

（一）过度维权型

近年来，随着消费者维权意识的增强，消费投诉量逐年上升，也出现了越来越多的过度维权现象。一般来说，消费者因购买、使用商品或者接受服务受到人身、财产损害的，享有依法获得赔偿的权利。据此，受损的消费者要求商品或服务提供方给予赔偿合法有据，而索赔非多即少，其中要求过高的，即属维权过度。

过度维权型投诉是指一旦所购商品或服务存在问题，客户就找各种借口向商品或服务的提供商索要不合理的高价赔偿。如何应对用户过度维权？其实，无论是企业还是处理用户投诉的工作人员，都得理性去分析、处理。过度维权的用户往往大多情绪过于激动，需要理性应对，做到"不能辱骂、不能动手"，否则再有理也变成没理。在过度维权的用户中，大部分都是不得已而为之，主要是客户在发现问题后，投诉给当地电业局或拨打服务热线，但由于某些工作人员的态度或责任心问题，不重视用户投诉的问题，或是相互推诿、轻描淡写、敷衍了事，最终用户对投诉的问题得不到合理的解决，实在没有办法，只能采取过激行为。也有些客户认为向上一级投诉甚至向媒体曝光就会使得相关单位迫于压力满足所提出的要求。所以，在处理用户过度维权上，要有审慎的态度，与用户耐心沟通，寻找根源。

（二）纯粹报复型

当客户对投诉的得失预期相差过大，或者客户在宣泄过程中受阻或受到新的伤害，某些客户会演变成报复心理。存有报复心理的客户，不计个人得失，不考虑行为后果，只想让对方难受，出自己的一口恶气。自我意识过强，情绪易波动的客户更容易产生报复心理。客户处于报复心理状态时，情绪会处于极端状态，较为激动，语气很不客气，用词较为激进，甚至会出现侮辱、叫骂等不文明行为，有时也会表明如果不能满足客户的需求，之后会出现一系列的不良后果，即威胁性的语言。

同时，此类客户还会声称有时间和精力与服务人员"耗下去"。服务人员要通过各种方式及时让双方的沟通恢复理性。大多数人能够通过冷静的分析，理智的思考而使自己的报复心理没有演变为报复行为。而有的人在报复心理的驱使下，不能控制自己，以致出现了报复的攻击行为。对于报复心理较强的人，要注意搜集和保留相关的证据，以便客户做出有损商家声誉的事情时，拿出来给大家看，适当的时候提醒一下客户这些证据的存在，对客户而言也是一种极好的冷静剂。

如图1-8所示，客户出于某种不可告人的目的，打着维护消费者权益、维护精神健康的幌子，向服务商提出某些无理要求，列出各种理由，讨要赔偿。为了获得心目中的赔偿款，他们常用的"维权"手法就是"一哭二闹三上吊"，要么堵住公司大门讨要说法，要么赖在公司不走，要么越级上访，要么恶人先告状。总之，这样的客户为了达到不可告人的目的，各种方法都使得出来，不及时处理，最后会使有理的一方因为处置不当而陷入被动。

图 1-8　电力客户不正当投诉心理图

第四节　电力客户不投诉心理

根据对客户投诉的数据分析，发现一个有趣的现象：不投诉客户与投诉客户比例为 24:1。一个企业只能听到 4% 的客户投诉声音，其他 96% 是不会投诉的。也就是说，每个投诉的客户背后隐藏着 24 个沉默的客户。

为什么会出现这一现象呢？

首先，投诉需要花费一定的时间和精力，有的客户认为投诉的流程很麻烦，耗时耗力不值得；或者不了解投诉的途径；或者即使投诉了问题依然难以解决，甚至可能有些客户有过失败的投诉经历等。许多投诉背后的流程烦琐，并可能无人对他们所提出的问题关心、跟进，使客户感到投诉是一件得不偿失的事情。再者，客户在考虑是否投诉时存在一种"惰性"，即客户会抱着指望通过别人的投诉来解决自身问题的心态来考虑是否进行投诉。最后，文化背景对投诉与否同样是一项重要因素，如在日本或某些欧洲国家，投诉本身会被人与不礼貌、尴尬等词汇进行联想。

由此可见，投诉对客户在教育程度、心理承受能力、文化背景等方面有着不同的要求。据统计，来自高收入家庭的消费者比来自低收入家庭的消费者提出投诉的可能性更大，年轻人比老年人提出投诉的可能性更大。综合来说，在对产品或服务不满意的客户中仅有较小比例会进行投诉。因此，投诉对于企业来说更显珍贵。事实上，许多企业曾在投诉中发现了严重问题，然后进行改善，从而避免了更为严重的危机。

从企业经营客户满意战略的角度来看，客户的需求层次不同，其对产品或服务的要求也就不一样；同时，处于同一需要层次的不同客户也会对不同产品或服务提出不同的需求。当客户的各种需求没有得到满足，或只有部分需要得到满足时，就会对提供产品或服务的企业或相应部门进行投诉。因此，服务的方法和策略应建立在客户需求的基础之上，充分考虑不同需求所对应的投诉心理。

如图1-9所示，客户出于某种无法自控的原因，在经历数次投诉无果后，

图1-9　电力客户心理感受图

会对服务商的服务产生无望感、不信任感，进而有可能上升为不满意和抱怨。如图中消费者所言，在一些基层公司，电力公司凭借自己的垄断地位，在向客户提供服务、客户利益受到损害时，个别公司无视客户正当诉求，百般逃避，在客户无数次投诉而得不到及时回应的情况下，很可能会发出"和'老虎'打交道实在是太难了，再也不去'惹'他们"的感慨。

第五节　影响电力客户投诉行为的因素

（一）个人因素

个人因素就是个体之间相互区别的一些相对稳定的特点，包括人口特征、个性、态度、价值观等。顾客的个人特征不同，其投诉行为往往也是有区别的。在前人研究中，主要讨论了人口统计特征、个性特征、对抱怨的态度等个人因素对顾客抱怨行为的影响。

1. 人口特征

很多研究关注投诉者和不投诉者的差别，其中最普遍的就是人口特征的比较。人口统计特征包括性别、年龄、教育程度、收入等。有研究发现，投诉的顾客中，中年人居多，大部分受过良好的教育，有较高的收入，处于社会的上层，较之不投诉的顾客，他们更喜欢收集信息，对消协之类的组织抱消极的态度，因此更愿意直接向企业而不是第三方投诉；也有研究者认为不应该单纯地讨论人口特征，而应该加入投诉者的态度和行为方面的因素。通过电话访谈，研究表明投诉者普遍受过更高的教育，收入更高，有较高的社会地位，并且在正式组织中更加活跃，更多地参与过政治或消费者维权的活动，并且有较多的投诉经历。而那些不满而不投诉者则相对受的教育较少，并且经济状况不好，不经常参加政治或消费维权活动，他们是孤僻的群体，远离政治，投诉经验较少，由于缺少知识和经验，经常无所适从，对于自己的境遇通常听天由命。

由此可知，人口特征并不能直接决定人们是否会去投诉。人口特征的不同决定着所掌握的资源、拥有的经验和所持态度的不同，从而影响顾客投诉行为。投诉必然包含着信息的搜寻，如应该向谁投诉，投诉程序是什么样的，受过良好教育的人更擅长于此，另外社会地位较高的人比较自信，对投诉的态度更为积极。可以通过两个相反的结论来说明这一点。有研究表明老年顾客抱怨倾向较低，借助实验心理学中习得性无助（learned helplessness）理论解释老年人抱怨倾向较低的原因。该理论认为，在结果不能由自己控制的情况下，如果经过反复失败，人会变得消极被动。老年顾客抱怨倾向较低，是因为他们在早年生活中，抱怨没有得到很好的解决，使他们"学会了被动"。也就是说他们对投诉持消极的态度，因而阻碍了实际的投诉行为。然而，也有学者发现，在医疗服务业，老年人比较爱抱怨。这是因为他们经常接触这个行业，有比较丰富的经验，容易发现问题，也经历更多不满的消费。因此，人口特征只是表现出来的形式，拥有共同人口特征的人们会有相似的投诉行为并不是因为这些特征本身，而是特征背后可能有相似的经验、态度。因此研究的重点应该是相同人口特征背后的共同点，而不是人口特征本身。

2. 个性特征

个性是一个人特有的心理结构，这种心理结构会影响一个人对环境做出反应的方式。个性对顾客不满的反应会有影响。研究者发现自我肯定（assertiveness）对投诉行为的影响。自我肯定是指这样一种品质，它使一个人能够按照自己的兴趣行事，坚持自我时不会产生过度的焦虑，可以比较随意地表达自己真实的感觉，在不伤害他人的权利下坚决捍卫自己的权利。通过问卷调查发现自我肯定与投诉行为之间的正相关关系，但是比较微弱。随后研究了自我肯定和无助感对公共投诉行为的影响，发现个性并不能预测投诉行为，他们推测个性作为调节变量更合适。投诉的顾客往往更加自信、个性、与众不同、果断，反之不投诉的顾客则更加保守，更愿意遵从社会规范和长辈的意见，属于风险规避型。

顾客的个性和心理对投诉行为的影响作用并不是直接的，可能是通过顾客认知的投诉成本和对投诉的态度来作用的。顾客的个性会影响顾客认知的投诉所需的努力，对于一个自我肯定程度低的人来说，让他去面对与销售商的冲突，可能会比自我肯定程度高的人要难。因此可以推断个性会影响顾客认知的投诉成本，尤其是投诉的心理压力。另外，个性可能也会影响顾客对投诉的态度，尤其是投诉的个人规范，因为投诉可能会给人带来麻烦制造者的印象，只有自我肯定程度高的人才能坚持自己的想法，并且没有过度的压力。

（二）情景因素

情景因素指所有那些在某时某刻某地点非由个人的长期特性发生改变而具有的特性，如在某次购买或消费过程中所包含的主体（如零售商）、指向的对象（产品或服务）、责任的归属等。

1. 产品的重要性

一个产品如果不重要，比如只是一支圆珠笔，即使存在很大的瑕疵，顾客可能也不会去抱怨。一个产品的重要性可以从以下几个方面来衡量：首先是产品的价格，顾客对一个产品是否满意与它的花费没有关系，但是是否采取投诉行为则和价格有关，产品价格越高，顾客投诉的可能性越大；其次是产品的使用时间，耐用产品和使用频率较高的产品出现问题的时候，顾客投诉的可能性要大一些，投诉与不投诉的顾客会受到产品使用时间和使用频率的影响，但关系不是特别强。最后是产品的可见度，如果一个有瑕疵的产品经常会被朋友看见，顾客更趋向于去投诉。

2. 不满的程度

一般去投诉的顾客都是因为对产品或服务不满，因此，学者们在研究顾客投诉行为时都会把不满当作投诉的前提。不满有不同程度，从有一点不满到极度不满，不满的程度越高，顾客越可能去投诉。尽管不满的程度与投诉行为之间的关系显著，但是它对投诉行为的解释非常有限，而且有数据表明去投诉的顾客只占所有不满顾客中的少部分。因此，学者们普遍认为投诉是在不满的前提下发生的，但是不满对投诉行为并不是一个很重要的影响因素。顾客的不满程度对投诉行为有一定的影响，但似乎两者的关系比较微弱。我们推断，顾客的不满程度通过影响投诉意向来影响投诉行为。

3. 认知的投诉成本

顾客不管有多么不满，都会权衡自己投诉的成本与收益再采取行动。顾客认知的投诉成本包括客观的时间、金钱上的付出，还包括心理压力，很多顾客反映在投诉中会面对一些尴尬的场面，有时会发生冲突。投诉的心理压力越大，顾客就越不会去投诉；同样，投诉所花费的时间、金钱、精力越多，顾客越可能不去投诉。

相对来说，投诉的心理压力是主观的感觉，不同的人感知不一样。例如，富有经验的顾客与销售商打交道时更为自如，他们投诉所花费的努力要小一些，因此投诉的可能性更大。另外，不同文化背景的人感知的心理压力也不一样。中国人很注重面子，在他人面前揭发一个人的错误就是不给人面子，因此，为了尽力避免冲突，人们不愿意去投诉。通过在香港进行的试验研究证实了这一结论，当人们觉得去投诉会使别人丢面子，从而给别人留下卑鄙、残酷的感觉，就不会去投诉。从另外一个角度看，顾客去投诉可能会使自己丢面子，比如被粗鲁和无理的对待，不得不进行一些辩解，有时厂商还会将产品或服务出错的责任归于顾客，有可能会处于尴尬的处境，这对于关注面子的顾客也是一种心理压力。此外，如果投诉渠道不畅通、投诉程序复杂，会增加顾客的投诉成本。顾客在投诉过程中可能会遇到各种麻烦，比如不了解公司的投诉程序，找不到受理投诉的人，需要花大量的时间去填表，排很长的队等，这些都会降低顾客投诉的可能性。

由此可见，顾客感知的投诉成本是预测顾客投诉行为的一个重要变量。即使一个顾客非常想去投诉，现实的情况可能会阻碍他，比如不存在投诉渠道或者投诉会引发很高的成本等。

不同特征的电力客户心理形态分析

　　优质服务是电力企业的生命线。可靠、稳定的供电质量是做好优质服务的前提保障，提高客户满意度，减少客户用电过程中的投诉数量是衡量供电企业优质服务的关键指标。因此，通过分析不同用电客户投诉的心理，便于一线员工抓住客户主要诉求、辨识客户用电特征。在提供服务的过程中有利的引导客户，对供电企业了解客户投诉心理诉求，改进服务质量，提升服务满意度意义重大。

　　当用电客户投诉时，通常可将客户分为理性客户和非理性客户两类。理性客户是针对产品或服务本身出现的问题进行投诉，这类客户数量较少但投诉价值很高。另一类非理性客户在投诉时，通常是对自己使用产品时或接受服务时的感受进行描述，尽管这类客户的投诉存在一定的不合理性，但这类客户的实际数量较大，对于他们的诉求也需谨慎对待。

　　在实际工作中，大部分客户是以上两类的结合，在表述完自己的情绪时掺杂了对产品或服务的客观评价。如何正确捕捉到这类客户的心理诉求，对症下药，是企业员工需要了解的内容。

第一节　电力客户的动态心理活动过程

客户的心理活动过程是决定其行为的首要内在因素，其实质是客观事物在个体中的动态反映。根据心理学的一般研究，个体的心理活动过程从低级心理到高级心理可以大致分为认知过程和在认知活动中伴随产生的情感过程和意志过程。而与客户投诉心理有关的情感体验事实上与客户在消费和用电中的认知活动密不可分。因此，了解投诉情绪的本质应首先对个体的认知内容加以明确。心理学认为，认知过程是通过一系列心理机能的活动共同完成的，构成认知过程的心理机能具体包括感觉和知觉、注意和记忆、学习和联想、情绪和意志等。

（一）客户的感觉和知觉

感觉是初级的心理现象，而客户对商品的认知过程都是从感觉开始的。感觉是指人脑对直接作用于感觉器官的客观事物个别属性的反映。客户会借助各种感觉通道，如视觉、听觉，以及其他通道来感受商品的各种属性。电力作为一种特殊的商品，虽然看不到、摸不着，但客户在电力使用过程中依然无时无刻地在感知和体验。而知觉则是人脑对直接作用于感觉器官的客观事物个别属性的整体反映。知觉是以感觉为基础，并在个人知识经验的参与下对感觉到的信息加以加工解释的过程。知觉是比感觉更为复杂深入的心理活动，是心理活动的较高阶段。知觉是在生活中积累了一定的商品知识经验之后才认知为可理解的事物。对于电力客户，知觉首先是对电有一定的理解，然后才产生对电力商品及相应服务的知觉。例如，企业可以通过利用统一的形象标识来增强感知刺激，使客户在头脑中留下更深的印象。某市电力局归属于国家电网公司后采用了统一的企业形象标识系统，包括市的营业厅及供电营业所，甚至广告、名片、印刷品等也都采用同样的标志，从而通过视觉传达增强了客户的认同感，建立了良好的社会形象。

（二）客户的注意和记忆

注意指的是将感知、记忆、思维等心理过程指向并集中到某个特定对象上。与其他认知过程不同，注意不是一个独立的心理活动，而是各个心理机能活动的一种状态或特性。记忆则是过去经验在人脑中的反映。对于电力使用和服务过程，企业可以尽可能的抓住客户的注意力，从而增强客户对信息的记忆。例如，国家电网公司统一的客户服务热线"95598"，利用人的机械记忆，并通过一系列的强化刺激使之深入人心。因此人们现在遇到任何用电问题就会很自然地想到拨打 95598 热线电话。

（三）客户的学习和联想

学习是脑的重要功能，即个体对经验的习得和保持。学习是人对外界环境最主要的一种适应方式。在电力消费过程中，客户会不自觉地进行各种学习，包括成本、服务等最为重要的用电内容。而联想是由一种事物想象另一种事物的心理活动过程。各种感知注意都能激发一定的联想。例如，供电企业早年曾被称为"电老虎"，个别部门与职员给客户造成了一种"门难进，脸难看"的不良印象。尽管现今已很少出现，但这种印象却依然没有完全消除，客户仍然会对供电企业及其员工的服务有负面的联想，特别是相关的信息非常缺乏时。因此，供电企业必须尽量减少或消除有关的负面联想，而使用各种方法来激发客户，形成积极联想。

(四）客户的情绪和意志

心理活动除了认知过程外，还包括情绪过程与意志过程。情绪和意志是两个相对独立的心理成分，有着各自独特的作用机制和表现形式，并且两者在个体的心理与行为活动中发挥着特殊的影响和制约作用。在电力使用过程中，客户会通过感觉、知觉、注意、记忆等心理活动对电力产品和相关信息有一定的认识。而根据电力产品的使用过程是否符合客户的需要，客户可能会产生肯定或否定的态度。当采取肯定态度时，客户即产生积极的情绪体验，如喜悦、满足；而采取否定态度时，客户则会产生不满、愤怒等消极的情绪体验。而客户的投诉也往往是由消极的情绪体验导致的，因此有必要对影响客户情绪的各种因素有所了解。

影响客户情绪的外部因素主要来自商品和营业环境。电力的消费是一个持续的过程。电能质量、停电时间等将持续影响客户的情绪。同时，营业环境也会极大地影响客户的情绪状况。其中包括营业厅的硬件、客户服务人员的表情、态度等。95598 热线工作人员与营业厅窗口是直接面对客户的，她们的言行举止会直接影响客户的情绪状况。尤其是当出现用电问题时，客户自身的情绪必将受到很大影响。电力工作人员用自己的服务将之缓解，尽量消除其消极情绪，是降低客户投诉的重要方法。

第二节　电力客户投诉的类型

在工作中，客户投诉的原因五花八门：服务本身的瑕疵、服务态度、承诺未兑现、响应速度、工作效率等诸多因素，都可能导致投诉的产生。但从根本上来说，客户投诉是客户没有得到预期的服务，即实际情况和预期之间存在差距造成的（如图 2-1 所示）。

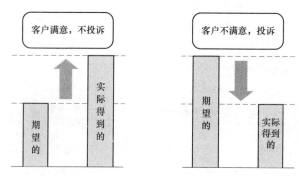

图 2-1　客户投诉原因分析图

当前民众对供电服务品质的期望值在变化，对企业服务品质提出了更高的要求。因此，供电人员在工作中要经常面对客户的投诉声音，譬如：

"为什么我们家突然停电了？"

"为什么昨天停电没有通知，你们工作怎么做的啊！"

"我怎么没有收到欠费通知单就停电了？"

"昨天停电，我已经把电费给交了，现在还没有来电，怎么回事？"

"抢修人员，为什么来得这么慢，为什么不多派些人过来啊？"

……

诸如此类，都是供电员工所要面临的日常问题，如果处理不当，很容易使投诉升级，影响到供电服务的品质，甚至造成很大的社会影响。

但是，这些投诉虽然庞杂，却并非没有规律可循。如果按照客户投诉的业务进行分类，可以看出不同的问题反映了客户不同的心理需求，例如，对服务质量投诉反映了客户求补偿的心理，希望得到赔偿或补偿；对服务规范投诉反映了解决问题的心理，希望立即采取行动，消除问题并且不让它再次发生；对服务态度的投诉反映了求尊重的心理，希望得到认真地对待；对承诺不兑现的投诉反映了求兑现和合理解释的心理；对自身情绪问题的投诉反映了求发泄的心理等。只有及时、准确地把握客户的投诉心理，才能对症下药，提供行之有效的服务策略，快速达到沟通的目的。

具体来说，客户投诉原因可以归纳为以下几种心理诉求。

（一）用电问题型投诉

1. 以解决实际用电问题为导向的投诉

以解决实际问题为导向的投诉是指在客户用电过程中，由于对客户存在的实际用电问题解决不当，引发的客户投诉。客户存在的实际用电问题包括电压过高、过低或电压不稳，或长期没有得到改善、处理不彻底；供电频率超标或长期未得到改善、处理不彻底，影响生产生活；检修停电安排不合理，或由于突发故障、供电负荷不足等原因导致的频繁停电或停电时间过长等行为，供电收费不合理、供电部门的供电装置安装位置影响到居民生活或生产安全、供电安装或维修活动对居民出行造成安全隐患等，引起顾客投诉。

2. 对内部管理要求的投诉

对内部管理要求的投诉指顾客的要求高于现有执行标准，以至于即使供电服务商的供电服务达到内部管理要求也无法满足客户要求的情况。例如，因天气、自然灾害等不可抗拒的原因导致供电服务商不能在规定时间内供电、无法及时到达故障现场做及时维修，而供电客服部门又未能及时向客户做好解释沟通工作；引起停电的原因消除后未及时恢复供电；电力故障抢修未能一次完成处理，抢修质量不高；未公告停送电信息或未按时限公告停送电信息；公告的停电区域、停电原因等不准确；没有明确原因，对客户实施中止供电；未按公告的停电计划实施，变更停电计划未履行手续的，出现提前停电、延迟停电、延迟送电、提前送电等现象；故障抢修过程中到达现场时间超时；故障抢修工作结束后或抢修人员离开现场后，故障现象仍存在、故障未修复或抢修不彻底（影响客户用电）等行为。

（二）情感宣泄型投诉

1. 对供电服务人员服务态度的投诉

客户对供电服务人员在服务过程中的态度不满意进行投诉。例如，供电服务人员对"三个十条"执行不到位，服务意识淡薄、服务不规范，态度冷漠、纪律涣散，服务礼仪、仪容仪表不符合规范要求；业务办理过程中，推诿搪塞、刁难客户，未做到"首问负责""一口对外""限时办结"。抢修人员在服务过程中存在威胁客户、与客户发生争吵、对客户态度差、冷漠、态度恶劣等行为。

2. 对供电服务人员服务行为的投诉

客户对供电服务人员的服务行为进行投诉，例如，供电服务人员在服务过程中存在未按照规定的抄表周期和抄表例日抄表，人为估抄、错抄、漏抄；未按照规定程序实施停限电措施；客户结清欠费后，未及时恢复送电；催费方式粗暴，催错费，未按时送达催费通知单、停电通知书，未提供电费发票；错发电费短信及客户未收到电费信息短信问题、电费催缴方式不合理；业务办理超时限、在业务处理环节违反业务处理规定；停电信息公布不及时、不准确；更换电表过程中将客户信息登记错误导致客户无法及时缴存电费；工作人员责任心不强导致客户电表读数未及时上报造成漏抄表；电价执行错误或违反规定变更电价标准；计量装置换表未提前通知、起（止）数未经客户确认；未在承诺时限内到达电力故障抢修现场等行为。

3. 带有恶意目的的投诉

客户为达到其目的，虚构、编造、夸大事实的存在，对不实的内容和不存在的问题进行投诉，甚至对供电企业或供电服务人员提出非分要求，无理取闹，进行恶意投诉。例如，个别客户因为一点小事纠结闲杂人员通过堵门、围攻供电所办公场所或工作人员的方式获得一些赔偿后就会故伎重演，反复投诉。

（三）经济赔偿型投诉

经济赔偿型投诉指涉及经济内容的投诉。

客户因停电、供电公司的供电设备故障等原因造成客户家用电器，或在服务过程中造成非家用电器损坏，或因停电给客户生活或者生产带来影响，要求供电企业进行赔偿，或因客户与供电企业之间发生经济纠纷而引起的投诉。供电公司的供电设备（如变压器等）在工作过程中发生爆炸或因为附近居民（如儿童）因缺乏用电安全常识而误碰变压器致残，即使供电部门在供电设施附件设立了安全提醒标志，但是因为附近居民文化水平低、无法理解标志的真实意思，无意中触碰供电设施造成自我伤残，或者是一些电力辅助设施（如电线杆拉线）在路边过于隐蔽，行人看到时无法躲避而造成不必要的人身伤害等。

（四）信息不明型投诉

客户由于对电力法律法规不了解造成信息不对称引发的投诉，客户对投诉事项实际情况不明引起的投诉。例如，客户由于自身文化水平低，缺乏基本的法律知识，因用电而造成自我伤害时并不知道如何利用法律武器维护自己的合法权益；电力公司抄表员抄表时未能明确告知客户用电信息导致双方在电表读数上发生分歧，抄表员估计用户用电数据后直接上报导致用户实际用电和收费数据不符而又没有及时沟通解释，引发不必要的纠纷导致客户投诉抄表员，客户申请更换用户名称，工作人员接单后由于不可控原因未能在约定的时间内完成更换而又没有及时通知客户导致客户投诉等。

（五）其他类型投诉

其他类型投诉指除以上四种之外的其他投诉。

客户的投诉并不可怕，可怕的是不能善待客户投诉，有意堵塞客户的言路。专业的投诉处理包含两个方面：一是在投诉没有发生之前，避免或降低投诉发生概率，即"投诉的风险管理"；二是在投诉发生后，如何第一时间有效地化解报怨与投诉，即客户投诉的处理管理。

两者关系中，投诉风险管理优于投诉发生管理。特别对于基层管理者及一线员工来说，化解潜在投诉的能力尤为重要。因此，提升供电服务人员对抱怨与投诉内涵的认知，使供电服务人员深刻洞察客户投诉的成因及投诉时的心理状态，可以帮助供电服务人员确立起对客户抱怨、投诉应有的方法和态度，专业化、标准化的解决投诉问题。

第三节 理性电力客户的心理形态

（一）双赢型心理

在投诉过程中，客户希望当前的问题能得以妥善解决，企业也希望能通过对客户反映的问题找到服务的短板，进而提升自己的企业形象。这样，就达到"客我双赢"的效果，也是双方利益最大化的体现。为了能够达到这样的目的，客户会直截了当告知服务有哪些缺陷和不足，希望能从中看到哪些改进，并能站在一定的高度上对产品或服务的问题进行归纳和总结，甚至能对问题提出自己的初步解决方法。这类客户是企业的忠诚客户，对企业有绝对的信任。这样的信任必定是建立在两方双赢的基础上，这样的投诉一旦解决良好，必能使这种合作关系保持，并良性发展。例如，根据政府要求，机场二期工程因工期紧，需春节加班施工，但现有用电容量不够。客户到营业厅说明当前的状况，并明确提出需要报装业务，工作人员打破常规流程，快速帮客户解决了报装用电问题，有效地缩短了施工工期。企业做到了"始于客户需求，终于客户满意"，最大限度满足客户的用电需求，树立了供电企业的良好形象，实现了客户和企业共赢的良好效果。

如图 2-2 所示，电力公司作为能源供应商，通过为客户提供源源不断的能源支持，可以帮助客户成功运营，获得必要的收益和利润。反之，客户则依靠利润回馈电力公司，双方合作共赢，成为鱼水关系，互为依靠、互相助推。

图 2-2　双赢型电力客户心理图

（二）理智型心理

理智型客户投诉时会客观的陈述所遇到的问题和不满，对提出的问题既能讲事实、摆道理，又能将自己的所想、所思有逻辑地阐述出来，对服务商提出的问题也非常中肯。这种类型的客户一般文化素养、知识修养都比较高，对服务商一般也不会百般挑剔，是不可多得的。客服人员在对待这种类型的客户时，一方面要耐心听取客户的投诉，另一方面要对客户所提意见逐一记录，现场能够解决的必须立即解决，现场无法解决的要根据自己的能力和具体情况给出明确的答复。对问题的处理，既要能百分之百地满足客户要求，更要力求超出客户预期，尽量将理智型客户争取过来，并将其培养成双赢型客户。理智型客户是电力服务商在运营过程中应该重点关注的客户，也是通过客户提升自我服务能力、增强服务效果、提高顾客满意度的有效途径和重要的智力来源。一些新的服务产品、服务手段、服务改进往往来源于理智型客户的建议。

（三）谈判型心理

谈判无处不在。谈判不是外交官的专利，它一直都是人们日常生活中不可或缺的组成部分。男女老少、企业与企业、客户与服务商之间随时随地都会有谈判的发生。电力服务商和客户通过谈判，解决了双方长期存在的分歧，获得了双方的认可。

客户在陈述时，虽会清楚地澄清事实，但会要求物质赔偿。这种客户虽然意见中肯，但很难再使他变为忠实客户，应努力保持他不完全流失，将他争取为普通客户。如供电公司的电工帮客户换装一个空气开关，后来线路起火，空气开关不断电导致整个楼道里的线路都烧坏了。客户在投诉过程中，详细阐述了造成当前事故的原因及后果，要求电力公司赔偿。但由于工作人员以资产产权不属于电力公司为由拒绝赔偿，客户很不满意。客户表示如果继续推诿责任的话还将不停地拨打95598。

在实际工作中，电力服务部门和服务人员一定要首先把握好理性客户的心理形态与具体的心理诉求。首先，对此类客户正确积极的响应不仅能有效地促进用电问题的解决，同时能够得到客户的理解甚至是超出其预期的好评，从而能够进一步提升电力企业的形象，增进电力企业与用电客户间的良性循环。其次，虽然理性客户最初的心理诉求往往是合理和客观的，但如果客户关注的问题或心理情绪未能得到及时的解决和合理的处理，理性客户的消极情绪会愈发凸显甚至超越理性诉求，从理性转为非理性客户。这一转化会导致服务人员的工作难以顺利执行，造成双方的矛盾加剧，得不偿失。

第四节　非理性电力客户的心理形态

（一）发泄型客户

发泄是人类在情绪激动时采用的一种正常方式，它能起到释放和镇静的作用。在客户因勃然大怒而发泄时，可能表现为语言用词过激，不仅仅局限于对问题的描述，更多的是对服务人员的攻击，语速会较快，音量也会提升。情绪最为激动时，甚至会有一些肢体语言的表现。此时，服务人员最好不要阻止其发泄，可以让其尽情发泄。因为这时客户需要的是"发泄过程"所起到的作用。

（二）报复型客户

此类客户由于存在报复心理，其关注点已不在当前实际问题的解决过程，他的主要目的是给对方造成更大的困扰，甚至用威胁的方式达到目的。此类客户在情绪激动时有可能将问题严重程度升级，服务人员首先要尽可能安稳住此类客户，必要时诉诸法律也不失为解决的办法。例如，某客户的居住地一天内三次停电，反复报修反复停，停电次数多而且时间长。客户非常生气，要求迅速供电，否则就向电监局投诉。然而，复电承诺并没有按时履行，更加激怒了客户的负面情绪，焦虑程度急剧上升，以致在投诉事件的后期，客户声称他只想让服务人员难受，自己不好受，也决不让服务人员舒心，一定要出自己的一口恶气，不达目的决不罢休。

如图 2-3 所示，客户因为在电力使用过程中不可预料的故障，如突然跳闸、雨水淋湿电器导致短路等给客户财产造成损失而又得不到及时补偿时，往往会对客服或公司接待人员发牢骚、说一些发泄或报复的语言，并伴随必要的肢体表演。

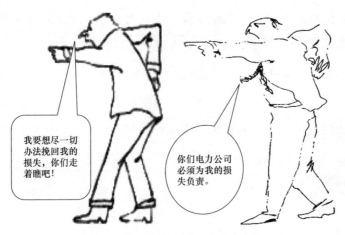

图 2-3   发泄和报复型电力客户心理

（三）诈骗型客户

此类客户投诉的主要目的是获得经济上的赔偿，在与服务人员沟通时倾向于将问题的责任全部归于对方，以便获得最大的利益。对服务人员的解释或提出的解决途径不感兴趣，一味地强调自己的损失需要得到一定程度的补偿，甚至提出的赔偿金额远远超过实际的损失。服务人员要仔细辨析当前投诉问题的严重程度，是否真正造成客户经济上的损失，在询问情况时可以旁敲侧击，多采用一些开放式问题。如由于营业员的工作失误，将用户预存的电费少打 50 元。事后，该用户要求电力公司赔偿其 5 万元，甚至还要求该营业员赔礼道歉，并且请客吃饭。电力公司面对用户如此夸张的要求，耐心地与客户沟通协商处理，但该客户始终不依不饶。面对此类客户，无论是企业还是处理用户投诉的工作人员，都得理性去分析、处理。

首先，此类客户往往大多情绪过于激动，需要理性应对，做到"不能辱骂、不能动手"，否则再有理也变成没理。所以，在处理用户过度维权上，要有审慎的态度，与用户耐心沟通，寻找根源，合理区分客户的善意与恶意。

其次，受理此类投诉，企业需要以事实为依据、以法律为准绳，根据国家法律法规，属于企业责任问题，企业要敢于承担。过多的妥协和迁就只会给企业带来更大的损失，对企业造成更严重的影响，这只会让此类客户更加肆无忌惮，一旦得到满足，这个成功的案例便会在其他用户之间传播。企业要坚守企业的准则、法律的底线，依法处理，敢于担当，一旦出现用户扰乱正常经营行为，引起社会问题，果断报警，只有依法处理才能真正维护企业的形象和利益。

不同群体电力客户的用电特征

为便于分析不同用电客户群体的用电特征，进而根据用电特征分析不同客户投诉心理，本节根据用电性质，将用电客户群体分为居民客户和非居民客户两大类。由于居民客户用电具有用电人数多、供电覆盖面广、投诉概率高等突出特点，针对居民客户群体分别从客户用电性质、用电区域、客户性别、客户年龄四个维度进行了细分。非居民客户用电普遍具有用电量大、用电集中，对供电可靠性、连续性要求高等特点，因此，根据用电性质，本章将非居民客户分为高危及重要客户、一般工商业用电客户、大工业用电客户、农业生产用电客户四大类。

第一节 电力客户性别特征及投诉心理

（一）男性居民客户用电特征及心理分析

对男性而言，尤其是在夏季，稍微运动就会大汗淋漓，因此男性普遍在夏季喜欢喝冷饮、吹空调。他们对空调、风扇等耗电降温设施的依赖性明显高于女性。另外，男性较女性更趋向于选择网上炒股、期货交易、上网聊天、打游戏等作为工作之余的休闲娱乐方式。这类生活娱乐方式，对供电质量、供电稳定性和供电可靠性要求也相当高，一旦突发停电，其生活可能会受到影响或遭受经济损失，在得不到及时的停电信息告知或满意的供电服务时，容易爆发不满情绪。例如，正在准备下单购买某只股票，突然停电了，结果给用户带来无法量化的损失，这时用户的愤怒是无法描述的。

男性具有较强的理智和自信心，他们处理问题时能够冷静地权衡各种利弊因素，控制情绪和利用情绪的能力比较强，着眼于大局。同时男性本身所具有的攻击性较强，动机形成迅速、果断，有的男性解决问题的方法简单粗暴。这些个性特点也直接影响他们在投诉过程中的心理活动。

如图 3-1 所示，如果以横坐标表示情绪从理智到焦虑再到愤怒的变化，纵坐标表示投诉的人数，那么投诉客户的情绪分布基本符合正态分布，即大部分投诉客户的情绪状态都在焦虑附近变化，少数客户的态度保持理智冷静，还有少数客户处于极度愤怒暴躁的状态。情绪变化还表现出性别分布上的不同，男性在投诉时情绪状态多分布在两端，表现为很冷静或很愤怒。女性投诉时情绪多分布在中间，大部分表现为焦虑埋怨。男性客户多属于结果导向的人，他们更在乎结果如何，不考虑过程，因此对同情的理解能力不如女性强。因此在投诉过程中，向男性客户诉苦求同情的效果不如帮他分析目前局势的效果好，分析哪些问题可以立即克服，哪些问题比较棘手，充分调动男性客户的理性分析能力。

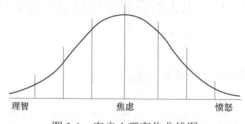

理智　　　　　　焦虑　　　　　　愤怒

图 3-1　客户心理变化曲线图

（二）女性居民客户用电特征及心理分析

同样，女性客户因为其生理特征及所扮演的社会角色，对用电的需求也呈现一定的特征。例如，多数女性有"怕冷"的现象。由于地理和气候的关系，北方比南方更加明显。对于这类女性客户，夏季一般不会主动开空调或喝冷饮降温，因此对空调依赖性没男性强。不过，女性一般比较爱干净，做家务的概率也比较高，因此对于洗衣机、热水器、电饭煲、电冰箱、电磁炉的使用率相对较高，依赖性也比较强。另外，对多数女性来讲，在家庭生活中会更多地承担照顾孩子、辅导孩子作业、照看老人、收拾家务等工作，因此，在这些时间段，对供电的可靠性、持续性和稳定性有较高的需求，一旦供电中断，就会变得手忙脚乱、情绪失控，激发女性客户对供电服务质量的抱怨和不满，降低整体满意度。

在生活中，女性大多关心与自己相关的任何大小事，所以情绪很容易受到外界的影响，情绪波动也比较频繁，而且女性情感容易外露，不易隐藏，碰到不良刺激时多会在情绪上表现出来，耐受力较低，喜欢抱怨和唠叨。当她们的消费要求或消费欲望得不到及时满足，对服务者的抱怨最容易发泄，甚至会波及周围的人。女性受暗示性较强，不论是积极的自我暗示还是消极的自我暗示都带有较强感情色彩，她们较少关注实际问题，更多考虑自己的主观感受，处理问题不如男性理智冷静。她们看结果更重视过程，只要在过程中看到我们服务的真诚，即便结果有瑕疵也会获得她们的认可。例如，当女性消费者去电力公司投诉时，即使她们的投诉没有理由，但是只要服务人员能够及时给予接待和沟通解释，并用真心对待投诉者，用爱心去为她服务，用真情打动她，女性消费者是容易得到满足的。由于女性感情丰富，情绪容易受到感染，极具同情心，因此在投诉中，我们要多关心她们的心理感受，耐心倾听她们的唠叨抱怨，给予充分的同情理解，同样我们可以利用她们这一心理特点，沟通过程中争取她们对我们的同情、理解。

第二节　电力客户年龄特征及投诉心理

（一）老年居民客户用电特征及心理分析

按照国际规定，65 周岁以上的人确定为老年。在中国，60 周岁以上的公民为老年人。老年人多数退休在家，他们的生活一般是锻炼身体、接送孩子、买菜做饭，生活相对简单、安逸，生活需求及各种欲望相对较少。对于身体健康的老年人，平时的休闲方式多会选择户外锻炼、下棋、聊天等方式，白天对电能的依赖性相对较弱。当然，对于行动不便或身患重病的老年人，由于对电视、各种用电医疗器械的依赖性较大，对供电可靠性和供电质量的需求会变得较为急迫，用电诉求相对强烈。另外，对于年龄大又独自居住的鳏寡老人，他们因为行动不便，更加需要周到细致的特殊服务，对于这类老人的用电需求要给予更多关注。

老年客户的生理、心理的退行性变化及退休后角色地位、社会交往的变化，比较容易产生孤独感、衰老感和自卑感等。所以老年客户尤其需要得到别人的尊重，以平衡丧失感带来的消极情感，在现实中，老年人也多因为工作人员的态度差而产生投诉。由于老年人的生理机能下降，其反应速度和灵活性也随之下降，所以我们对待老年人要有耐心和爱心，不要轻易激怒他们，因为负面情绪在老年人心理上的影响较为持久，负面情绪可能引发身体疾病，使问题更棘手。有研究发现人到老年，人会变得小心、谨慎、固执、刻板，因此老年人的思想观点很难改变，我们要发挥尊老爱幼的精神，对其要求尽量满足。

如图 3-2 所示，老年客户由于受年龄、心理、阅历、资历等因素的影响，一方面凭借自己的资历和阅历，往往会提出一些不合理的消费要求，另一方面由于年龄和心理特征的变化导致在性格方面比较固执、情绪方面比较容易激动，一旦发作又不易控制，这需要服务者在面对老年客户时必须耐心、细心、贴心。

图 3-2　老年电力客户心理

（二）中年居民客户用电特征及心理分析

中年时期是人生最重要的时期之一。中年人面临着家庭、社会、事业、生活等许多问题。家庭中，既要照顾老的，又要照看小的，还要抽出时间努力工作拼事业。晚上，下班回家既要辅导孩子学习，还要照顾年迈的老人。因此，在傍晚间段对供电的持续性和可靠性的需求是非常急迫的，如不能正常用电，家庭成员的各种不满和抱怨也会让他们变得更加焦虑和急躁，容忍性也会大大降低，投诉的概率也会提高。

中年客户在这个阶段是人一生中压力最大的时期，生活中担负着一家老小的生活，工作中有一定的任务担当，所以遇到的问题较多，投诉涉及的方面较多，所以自身压力较大，在接受服务过程中如果遇到不满意或不称心的地方也比较容易发泄出来。生活中，中年人的精力大都放在下一代身上，他们可以弱化自己的需要，放大孩子的需要，因此孩子的成长和学习成为他们关注的重点。例如，当中年家长晚上下班后辅导孩子做作业时忽然遭遇停电，这时有些家长会暴跳如雷，立即给供电部门打电话控诉。因为停电给家人带来不方便，尤其是不能让孩子正常学习，客户此时对用电的要求就变得比平时更为迫切，更容易产生不满情绪而进行投诉。中年时期也是人一生中的巅峰时期，中年人在社会上已经取得一定的成绩和社会地位，因此他们的自信心和掌控力使他们对别人的尊重更加敏感。中年时期人的控制能力达到最强，包括对自己的需求和情绪的调整，在处理问题时更加从容，情绪也相对更加理智。

（三）青年居民客户用电特征及心理分析

随着我国居民生活水平的不断提高，家庭用电消费中青年人的消费比重越来越大。网上开店、购物、炒股、网络大学、聊天、打游戏等，电脑和互联网成为青年人生活中不可或缺的一部分。另外，他们关注时尚、追求流行，甚为关注各类明星参与的娱乐节目，在这些节目播出时段，要尽量避免计划检修停电或长时间故障停电等。如停电事件无法避免，要提前给予通知，耐心解释，避免用户产生误解或出现过激行为。例如，当一群年轻的消费者聚在一起看世界杯、奥运会，比赛进入异常激烈的关头，运动员飞起一脚，结果突然停电了。这时，消费者对供电部门的抱怨和愤恨会超过其他任何时候。

如果供电部门能及时恢复供电，他们对供电部门的抱怨还会少一些，否则对供电部门的不满会持续很长时间。

青年客户精力比较旺盛，现在大多数青年的娱乐放松方式都离不开网络。如果电力不能供应青年客户的休闲娱乐，使他们发泄多余精力的良好渠道受阻就会使之产生愤怒情绪，青年客户情绪容易冲动，为了发泄多余的精力易发生肢体冲突。他们做事很少考虑后果，或者考虑不全面，如果冲突不加以控制，后果则很难想象。因此面对他们的投诉，首先态度要良好，避免言语激怒，保持克制、耐心解释。青年客户对事物的认识存在片面性，较少注意事物的差异性，因此，解释时我们要将事情的可能性和结果分析给他们。解决问题时要尽量避免两方青年人单独交涉，因为同是年轻气盛，包容性不强，言语不合，最容易引发冲突。

第三节　居民用电特征及投诉心理

居民用电指居民生活照明及家用电器用电，其核心是用电不具有营利性质，完全是为了居民的生活需求。它包括的范围有居民住宅生活照明用电、居民住宅内各种家用电器用电、居民住宅 3 千瓦以下自用生活水泵用电等。

居民客户按照用电区域分为城镇居民客户、农村居民客户；按照性别分为男性居民客户、女性居民客户；按照年龄段可以分为老年居民客户、中年居民客户、青年居民客户。

（一）城镇居民用电特征及心理分析

城镇居民用电特征随季节变化、时间段不同呈现不同的负荷曲线。

城镇居民用电高峰时期，主要表现在夏、冬两季。夏季气温的高低影响用电情况。气温在 14～26 摄氏度时，居民生活用电负荷变化不大，气温超过 26 摄氏度时，通风、降温负荷逐渐上升，尤其是 35 摄氏度以上时，空调制冷负荷的迅猛增长造成电网用电负荷的大幅攀升。冬季，随着气温不断降低，空调、电暖器等各类取暖设施用电负荷不断上升，用电需求随之增加，此时，客户对电压稳定性、供电可靠性的要求也相对提高。

城镇居民用电的另一个高峰时段表现在傍晚。夕阳西下，从华灯初上到万家灯火辉煌，此时间段居民用电负荷急剧增加，对供电可靠性、供电质量也提出了更高的要求。近几年来，随着城镇居民客户经济条件不断提高，一般家庭都配有冰箱、冰柜等常用家用电器。特别是一些有特殊用电需求的客户，如客户家中有病人、老人、幼儿；客户家中养殖了较为珍贵的热带鱼、观赏鱼、名贵宠物等；另一部分城镇居民客户从事期货、炒股、网店店主等需要长时间使用电脑的工作。对于这类客户，如遇计划检修停电或是欠费停电等情况，需提前告知或是按规定提前送达停电通知书，尽量避免因客户对停电原因不清造成的误解或经济损失。如遇故障抢修，应在规定时间内到达现场，并组织人员尽快恢复正常供电。如不能及时恢复供电，要和用户做好沟通和解释工作，从而得到用户的理解。

城镇居民与农村居民相比，生活节奏相对较快、夜生活丰富多彩，因此对电的依赖性和需求量也较高，由于用电问题所引起的投诉占有一定比重。城镇居民对服务品质的要求比较高，既要求服务质量又要求服务效率。城镇居民维权意识比较强，他们会遵守规定，利用规定维护权益，并在权益受损时采取多种渠道维权。例如，由于供电质量或停电导致电器损坏时，他们会要求电力公司赔偿经济损失。通常人们认为谁犯错谁承担，为过错付出代价是公平的社会规则，所以客户认为向过错方索赔是合情合理的要求。

一般来说，经济补偿可以降低人的痛苦程度，也可以降低客户的不满程度。但要防止客户"敲竹杠"的心理。由于服务态度而产生纠纷，使得客户感觉不受尊重，高级需要没有得到满足。如果工作人员及时改变服务态度，缓和紧张气氛，即使没有达到客户的要求，但看到工作人员的态度诚恳，服务尽心，依然会获得客户的谅解和满意。尊重并不仅仅指的是言语礼貌，更包括了对客户需求的尊重，急客户之所急，想客户之所想。

这一方面也体现了服务感知中的响应性，及时主动地帮助客户满足需求以赢得客户的心。因为服务规范而进行投诉的客户，一般是由于员工违反服务规范等相关规定，容易引发客户的焦躁和反感。针对此类投诉，要加强员工培训，熟悉业务流程，使员工在解决客户问题时表现出应有的专业素质。由于自身情绪问题客户进行投诉时，员工首先要平息客户的怒气或怨气。在客户盛怒的情况下当客户的出气筒，需要给客户一个宣泄不满和委屈的机会，来分散心里积压的不满情绪，如果放弃这个机会，就不利于投诉最终的处理。安抚客户，采取低姿态，承认错误，平息怒气，让客户在理智的情况下，共同解决问题。此时应先处理情感，后处理事件。处理客户情绪时要表达服务意愿，体谅客户情感，还要表示承担责任。因此，对于部分城镇居民，当对供电企业提供的服务不满时，投诉数量会相对较多。

（二）农村居民用电特征及心理分析

农村居民客户用电高峰时期一个是在夏、冬两季，另一个是在春节期间。

近年来，随着农村经济的发展和广大农民生活水平的不断提高，各种家用电器，如电视机、电冰箱、空调、电风扇、电磁炉等数量不断增加，农村居民用电量呈现稳步增长态势。尤其是在高温酷暑麦收时节和春节大量农民工返乡时期，随着农村居民用电人数的剧增，用电负荷也会出现大幅度攀升，从而容易导致供电电压降低或电压不稳定，对供电可靠性要求也较高。为了避免因供电质量不合格造成用户家用电器损坏或设备停产等情况发生，有关供电单位需在这些特殊用电高峰期做好相关防范措施和应急准备工作。

相比较而言，由于农村住房多为平房或自建楼房，空间宽敞、通风效果好，夏天对空调、风扇的依赖性和使用率较城镇居民有所降低。冬季，由于目前农村大部分地区未覆盖集中供暖，另外，随着新农村建设的不断加快，多数农村居民取暖方式也由传统煤炭采暖方式逐渐向电采暖转变，一定程度上也会提升农村居民生活用电需求量。

随着现代社会发展，农村大部分青壮年劳动力向城镇转移，年轻人一年中的大多数时间是在城区生活、工作，把老人和儿童留在农村。除农忙和春节等传统节日对电的需求比较大，其他时间段用电量相对稳定。相对于城镇居民，由于农村生活节奏较慢，夜生活简单，对电能的依赖性也没有城镇居民迫切。另外，农村居民维权的意识相对城镇居民较弱，忍耐性相对较高，农村居民用电中遇到问题一般会首先找农村电工了解情况或解决，一般情况下，较少发生投诉现象。

但是，偏远地区因为监管不力可能会出现员工滥用职权的现象，通常包括估抄、强买强卖、先斩后奏等。例如，收费时不按表计，随意报价；临时用电按户收取费用，不同意就不供电；私自更换用电设备，然后赚取差价。客户失去财产的自主支配权，财产安全遭遇威胁，尊严受到挑战，因此心理失衡。农民维权的意识不强，自认为处于弱势地位，被欺压甚重才会想去反抗。对农村地区的投诉应该重视，通常投诉现象存在时间较长。

这类投诉中，客户的价值感知低，付出代价高而享受到的服务质量低，会对公司的安全系数产生怀疑。工作人员良好的行为能够增强客户对公司的信心，让顾客感到安全，反之则使客户认为电力公司的形象不可靠。虽然许多客户将用电质量作为价值收益中的主要部分，但总体上衡量价值收益仍包括诸如工作人员的服务态度、行为约束等外部特性和电力公司的信誉、形象等更高层次的抽象利益。因为农村居民平均文化程度不高，所以在沟通时语言要简单易懂，有些用电知识、操作方式等可能需要讲解多遍，工作人员要有耐心。

（三）特殊时期居民用电特征

在特殊节日（如春节、元宵节、端午节、中秋节、五一、十一等），无论是亲朋好友聚会还是参加节日欢庆活动，都需要确保可靠、稳定的连续供电。在这些特殊的节假日，供电单位需要派出充足的人力、物力，做好重大节假日保电及突发事故的紧急抢修工作。

在一些特殊时期，如两会、中考及高考期间，供电单位需要做好重点线路的保电、特巡及舆情防控工作。遇到突发事件要以最快的速度给予恢复或解决，以防事态进一步扩大。另外，还有居民用户风俗习惯问题，如婚丧嫁娶等红白喜事方面，对持续供电的依赖性比较强，此时，往往也是客户情绪反常的时期，如果遇到故障抢修不及时、停电信息公布不及时、不准确等用电问题或是客户对供电服务不满意等，就很容易引发情绪抵触或投诉等行为。

节假日期间，人们的情绪普遍处于兴奋状态，离假日越近人们越兴奋，相应的心理期待就越强烈。与平常情况相比，处于兴奋状态的人们对事件的评价容易给予强烈的感情色彩，通常分为两种：扫了兴致，小题大做；抑或为了不扫兴，大事化小，小事化了。第一种情况类似发泄心理，这些用电客户平时工作忙，休息时间紧张，对节假日的放松寄予希望，如果供电服务不到位使得他们不能按照计划实现节假日的安排易使他们产生愤怒的情绪。面对这种情况，首先要允许客户发泄情绪，待他们冷静下来，再切实解决相应问题。第二种情况是在愉快的心境下对外界的事件评价有较好的偏向。人在高兴的时候，通常赋予外界刺激良好的感情色彩，这种情况下的客户有较大包容性。但是我们也不能掉以轻心，客户在这个时候只是为了不破坏气氛而委曲求全，如果超出客户的忍受范围，爆发后的情况则更难处理。

第四节　非居民用电特征及投诉心理

非居民用电客户，根据用电性质和重要性分为高危及重要客户、一般工商业用电客户、大工业用电客户、农业生产用电客户。

（一）高危及重要客户用电特征及投诉心理分析

高危客户指中断供电会发生中毒、爆炸、透水和火灾等情况，并可能造成重大及以上人身伤亡，造成重大政治影响和社会影响，造成环境污染事故的电力客户，如石油开采、煤矿井下作业、国家信息安全中心等。

重要客户是指在国家或地区的社会、政治、经济、文化、社会生活中占有重要地位，中断供电将会造成人身伤亡、重大财产损失、重大政治影响的用电场所，如政府单位、国防中心、医院等。

高危及重要客户一般要求连续供电，供电可靠性高、用电量大。这类客户，自身都具备保安电源，停电应急措施齐全，对停电的风险预控能力强。如果突然停电，或停电过程中处置不当，将造成人身伤亡、重大财产损失、重大政治经济影响，有可能引发较大舆情和影响。

由于这类客户用电影响重大，波及面广，投诉问题很有可能上升到法律层面，甚至需要承担刑事责任，所以服务质量要牢靠，服务态度要严谨。此类用户一般由客户经理提供专业、全面的服务。提供供电线路要多种，在线路和设备的检修或维护时以保证供电的连续稳定，线路和设备要定期并规律性检修，一方面避免线路问题突然断电，另一方面使用电客户在检修期间提高警惕，做好准备工作。

（二）一般工商业用电客户用电特征及投诉心理分析

一般工商业用电指商业用电、普通工业用电。

1. 商业客户用电特征及投诉心理分析

商业用电是指从事商品交换或提供商业性、金融性、服务性的有偿服务用电。

由于商业具有服务性、营利性的特点，其用电也呈现相应的特点。酒店、餐饮、娱乐等行业的用电变化主要与客流量有关，客流量越大、营业时间越长，用电需求就越大，反之就降低；商场、学校、金融机构等行业用电呈现一定的规律性，用电需求相对稳定。在其营业期间主要用电设备如中央空调、广播、电梯等设备一般持续运行，主要用电时段集中在白天及傍晚，随所在区域的商业结构呈现不同特征；特种服务业，如冷库、水产品批发、花卉市场、地铁等对用电可靠性、供电质量要求非常高，故障抢修要及时，故障恢复时间要尽可能的短。

由于商业的目的是追求利润和财富的最大化，因此商业客户具有较强的竞争意识和时间观念，因此对事情的处理速度期待较高，高期待往往导致对现实的不满，因此情绪容易急躁。追求经济利益的人对供电的可靠性和复电的时效性要求较高，特别是一些有特殊用电需求的客户，如从事期货、股票行业的客户，这些行业的交易价格分秒之间就能发生巨变或者网店店主遇突发停电，其利益就会受到一定的影响，因此这类客户面对停电的情绪反应也会比较强烈，经济赔偿类和承诺不兑现类的投诉成为主要的投诉类型。如果服务人员不能很好地满足客户的需求，还有可能出现情绪宣泄型的投诉。在面临此类情况时，服务人员要明白这些客户看重的是如何最大限度地赚取利润，以及出现问题时如何尽可能地减少损失，能谈利润就不谈损失，所以出现投诉后要尽快解决复电问题，尽量减少损失，其他附带要求可以慢慢磋商。计划外的变动要第一时间通知客户，没有原因、没有期限的等待最容易引起客户的焦虑，要保证客户的信息知情权，方便客户统筹安排。

2. 普通工业客户用电特征及投诉心理分析

普通工业用电是指凡以电为原动力，或以电冶炼、烘焙、熔焊、电解、电化的一切工业生产，其受电变压器总容量不足 315 千伏·安或低压用电。

普通工业用电主要包括小型冶炼、电解及电气化铁路牵引、航运、自来水厂、工业试验、农副产品加工等。这些客户用电具有连续生产不间断作业特点，负荷曲线均衡，对供电可靠性要求极高，一旦停电，会威胁人身安全和对用户经济造成一定的损失，容易引发投诉和经济索赔。

普通工业客户同样具有商业的属性，因此商业客户的要求也是普通工业客户的要求，追求利润和财富的最大化，对供电的可靠性和复电的时效性要求较高，如果遇到突发停电，损失较严重，投诉目的是为了经济赔偿，由于涉及金额较大，影响较重，所以赔偿要求得不到满足的话可能会诉诸法庭，投诉后要尽快复电避免影响继续扩大。这些客户投诉时比较理性，很少专门为了发泄而投诉。对他们的意见要求要重视，他们处于一线，最了解用电实际情况和可能存在的隐患，工业用电要小心谨慎，工作过程通常涉及人身和财产安全，因此对用电安全性是有较高要求的，包括用电操作的安全性和自备电源的安全性，定期维修检查的工作要做好。

（三）大工业用电客户用电特征及投诉心理分析

大工业用电是指凡以电为原动力，或以电冶炼、烘焙、熔焊、电解、电化的一切工业生产，其受电变压器总容量在 315 千伏·安及以上的用电。

1. 电解、电冶行业的用电特征及投诉心理分析

此类用户一旦发生纠纷，容易造成投诉。以起重行业中行车大轮的生产及卫材行业中塑胶手套的生产等产品生产为例。在用户正常生产时，未得到停电通知突然停电，而又无法在半小时内恢复供电的情况下，会对用户的电解炉、电冶炉产生致命的毁坏，造成无法估量的损失。这类产品的生产时间段主要集中在后半夜用电（夜间其他用电负荷较低，一般不会发生停电或线路发生故障；特别是在执行峰谷分时电价后，夜间生产能大大降低用户的生产成本）。供电企业要求此类用户必须配备自备电源，建议用户使用双电源或直供用电，这样能最大程度的保证用电客户的用电需求。

电解、电冶炼行业不仅追求经济利益，还担负生产的安全责任，所以对这类客户的服务要更加认真细致，宁愿细节烦琐、重复都不能省略。这些行业用电的紧迫性不仅表现在赚钱的速度上，还表现在生产设备的安全性上。一旦出现用电问题，随之而来的还可能涉及经济的索赔，而且数额巨大。面对此类客户时，由于用电问题而引起的投诉要引起重视，处理投诉时，严格按照规章办事，做到有法可依、有据可循。此外，此类客户的投诉可能包含多方面因素，客户的心理紧张和焦躁程度也会随之提升。面对此类状况，服务人员一方面要尽量迅速满足客户需求，安抚焦躁情绪；另一方面要做好服务

的后续跟踪及反馈。

2. 连续性生产工业客户的用电特征及投诉心理分析

连续性生产工业客户一般是指重工业企业、高耗能企业、规模较大的轻工业企业和具有公共服务性质的工业企业，如煤炭、黑色金属开采、金属冶炼、石油工业、化学工业、电解铝、化肥生产、热力、燃气及水生产和供应业、污水处理等。这些客户用电特点集中体现在全天24小时连续生产不间断作业，负荷曲线均衡，对供电可靠性要求极高，一旦停电，会造成重大人身伤亡事故和重大经济损失。一般列入重要电力客户名单，自身具备保安电源，停电应急措施齐全。对停电的风险预控能力强。

连续性生产工业的客户对供电可靠性要求非常高，所以服务质量要牢靠，服务态度要严谨，提供供电线路要多种，在线路和设备的检修或维护时以保证供电的连续稳定，线路和设备要定期并规律性检修，一方面避免线路问题突然断电，另一方面使用电客户在检修期间提高警惕，做好准备工作。同时，企业也可能会根据自己的实际情况向电力公司提出要求或建议，服务人员要认真对待客户的反映。电力公司采纳相关合理建议，优化服务行为，使客户享受到好处，可以提升其服务品质。若客户的意见不能被采纳，公司需要向客户给出能让客户接受的原因，并感谢他们的关心，这样使客户感受到自己的体验和建议得到公司重视，在今后的消费过程会更加关心公司的发展，愿意与公司结成一个利益共同体。

3. 日班作业工业客户的用电特征及投诉心理分析

日班作业工作客户主要包括间歇性生产企业。间歇性生产企业在生产上不具有连续性，可以根据需要随时调整生产而不会造成重大损失，一般包括机械、五金、金属制品和大部分的轻工业企业。其用电特点是主要用电时段集中在白天。间歇性生产企业由于产品市场竞争，生产计划会经常根据市场销量而调整，反映到用电上，会呈现不均衡曲线，一般不具备自备电源及保安电源。

由于间歇性生产企业的用电特点，用电类型的投诉主要涉及停、复电信息不及时。间歇性生产企业是按计划用电，因此计划停复电的信息传达很重要，信息要保证企业及时收到，以便随时调整生产。信息执行要准确，按照传达的时间准确执行任务，如果有变化要及时通知企业，一切用电行为要让客户有知情权。情感发泄型的投诉通常是不按通知的时间停复电但没有造成经济损失，此时客户感觉被愚弄，心理不满。如果不及时复电或者正在生产时突然停电，造成经济损失，此时客户的投诉主要是为了赔偿。

4. 农业生产客户用电特征及投诉心理分析

农业生产用电指的是农业、林木培育和种植、畜牧业、渔业生产用电，农业灌溉用电及农业服务业中的农产品加工用电。本章中的农业生产用电客户主要涉及农业生产、农业灌溉客户。

（1）农业生产用电特征及投诉心理分析。农业生产用电季节性较强，主要表现在几个阶段，一是麦收和秋收季。在北方，夏季多是小麦脱皮磨面、培育稻种育苗等。二是春冬季相对农闲时，这时负荷主要有种植业、养殖业、初级农副加工等。部分农民利用这段时间做副食加工生意，如磨豆腐、豆浆及早餐加工供应等，近些年农民也利用闲时大力发展小型第三产业。季节性粮食收割脱皮和加工生产，负荷相对较大，用电负荷阶段性强。

农业生产用电的季节性较强，错过最佳时间，一年的收成都会受到不利影响。如果在农忙时因为用电投诉可能要牵扯到经济赔偿，一旦出现故障，激动情绪容易爆发，并且由于涉及面广，容易引起大量的投诉。在引起更大的纠纷之前，服务人员应做好应对策略。农业生产对用电设备要求很高，在用电高峰期时要确保设备良好，高峰期的安全用电宣传要到位，尽可能减少服务质量问题的投诉。

（2）农业灌溉用电特征及投诉心理分析。近年来，我国多数地区，特别北方地区缺水进一步加剧，严重影响了农业经济的发展，农业保增产，确保粮食供应已成为各级政府的重要大事。目前，多数北方粮产地区都在政府规划主导下打了灌溉机井，逐步形成了机井灌溉和水利河流灌溉相结合的农业灌溉模式。无论机井用电和水闸启动用电都要求供电及时可靠，即平时检查维护，用时紧急连续。突出了农业灌溉用电季节性强、供电可靠性要求相对较高的特点。特别是遇到抗旱保湿、农业育苗包浆等特别时段，对供电灌溉更是要求迫切及时。

如图 3-3 所示，农民最辛苦、最劳累的就是在干旱季节挑担浇水。在一些偏远的农区，实现水浇地的各种电力设施是他们急切盼望得到的东西。现实中，即使某些农区安装了电力和浇灌设施，但是由于在干旱季节电力部门无法保证充足供电，急需用电时无电可用也是影响农民用电满意度的一个因素。

图 3-3　农民用电心理图

基于农业灌溉用电的特点，灌溉不及时对农业生产肯定是有影响的，但是具体影响难以量化，赔偿要求也难以衡量，此时客户内心焦虑不安，投诉时情绪难以控制，最主要的还是表达用电心情急切。此时，由于用电服务质量和自身情绪问题的投诉可能占有较大比例。农业灌溉用电要求及时可靠，所以在平时应该对设备和线路进行检修排查，关键期不要让用电设备"掉链子"。现在很多农业用电线路进行了改造，但还是遗留一些设备老旧、内部线路混乱、应急措施缺乏等现象。对电力公司的服务，客户具有监督权和举报权，尤其是在用电设备上，关系到客户的人身安全和财产安全，应该重视并感谢客户的监督，将风险最小化。

　　另外，农业用电线路和电力设备一般常年裸露在外，线路和设备容易老化，丰水季节一般使用较少，而到了旱季或枯水季节，灌溉农田对电的需求急促增加，若电力设施得不到及时维修，影响农户使用，会引起客户的极大不满，投诉也会急促增加。这就要求农村电力管理部门定期对管理范围内各种电力设施进行检查维护，保证设施在需要的时候能够随时投入使用，增强农村客户对电力服务的满意度。否则，则因为农户平时不用、用时又不能用，影响农业生产不说，更重要的是在这种情况下最容易引起客户的抱怨和投诉，是基层电力部门必须注意的问题，合理解决上述问题是减少农村电力投诉、提升客户满意度的重要途径。

第四章

电力客户投诉处理方法

第一节　解决电力客户投诉的心理原则

人们在活动的时候，通过各种感官认识外部世界事物，通过头脑的活动思考着事物的因果关系，并伴随着喜、怒、哀、乐等情感体验。这折射一系列心理现象的整个过程就是心理过程，服务的过程其实就是一个心理演变的过程。从服务人员接受客户要求或投诉开始，针对客户提出的各种诉求，服务人员必须围绕客户诉求，大脑和心理高度运转，随时应对客户需求或诉求的变化，赢得客户认同，实现顾客满意。电力客户投诉原因分析如图 4-1 所示。

供电服务风险管理的理念应从客户满意、主动服务、真诚瞬间、依法服务这几个方面探讨应用，及时化解矛盾，把客户的抱怨消除在萌芽状态。客户服务不等于客户满意，也就是说"满意"并不是一个绝对概念，而是一个相对概念。与其他企业类似，供电企业同样不能闭门造车，留恋于自己对服务理念、服务态度、服务质量、产品质量、产品价格等主观判断基础上，而应全面考查所提供的产品或服务与顾客期望、顾客需求等吻合的程度如何，能否最大限度地满足客户要求。因此要求供电员工从关注公司制度到关注客户感受。

图 4-1　电力客户投诉原因分析图

在面对客户投诉的过程中，应注意以下几个基本原则。

（一）换位思考原则

在受理电力业务投诉时，须采用换位思考，站在客户角度对客户的诉求和投诉进行全方位思考，以尊重客户、理解客户为前提，采用积极诚恳的态度，控制自己的情绪，以平和的心态改变客户的心情，以专业的态度增强客户的信赖。

我们可以采用以下几种回应模式："我非常理解您的心情""我理解您生气的原因，换成是我也会跟您一样这样做""请您不要着急，我非常理解您的心情，我们一定会竭尽全力为您解决的""我非常理解您的心情，请放心，我们一定会查证清楚，给您一个满意的答复""我能感受到您的失望，我可以帮助您的是……"，让客户感到自己情绪被接纳，才能为下一步的沟通打下基础。

60

（二）快速反应原则

投诉事件的发生往往具有偶发性，因此客户投诉时大多带有一定的情绪，若不当应对则会将客户的负面情绪放大，使后果加重。

同一件事物在不同的时间具有很大的性质上的差异，我们管这个差异性叫时效性，时效性影响着决策的生效时间。也就是说客户报修时能在承诺的时间段内解决，事情就圆满成功了。如果超出了承诺时间，客户的要求就变成了投诉，处理的时程越长客户就越不满，时间积累的量变引起客户诉求的质变。

因此，便要求投诉受理人员快速、准确地对客户投诉进行判断、严重性区分，对当天可以解决的投诉问题及时进入响应阶段，对现阶段无法立即响应的投诉问题采取上报机制。

如果短时间内不能给出解决方案，可以试试下面几种应对句式安抚客户情绪："不好意思，耽误您的时间了"；等待之前先提醒"先生／小姐，请您稍等片刻，我马上为您查询"；等待结束恢复通话："先生／小姐，谢谢您的等待，已经帮您查询到……／现在帮您查询到的结果是……""由于查询数据需要一些时间，不好意思要耽误（您）一点时间""感谢您耐心地等候"，让客户感到自己的问题正在得到处理，获得一种掌控感。

（三）适度拒绝原则

在满足客户要求时，须对客户提出的要求进行大致评估：对电力公司职责范围外的投诉，须大胆拒绝，不可盲目答应；对属于电力公司职责范围内的有效投诉，应及时给予响应或上报。

每个人都有自己的思想体系，不喜欢别人随便否定自己的观点，一旦听到类似的话，客户就立刻提高警惕，建立起防御机制，客户的注意力集中在如何反驳你的观点。我们可以先对客户的一些观点进行肯定，然后抛出自己的看法，这样客户比较容易接受你的建议。最好不要出现"但是"这类转折词。"你的话我很赞同，但是……"客户的注意力很容易被但是后面的话吸引，前面肯定，重点在转折后的否定，效果跟直接说"不"是一样的。

在面对客户投诉时，拒绝是一门艺术，可以采用一些心理技巧进行对话。譬如："我很能理解您的想法，但非常抱歉，您的具体要求我们暂时无法满足。我会先把您遇到的情况，反馈给相关部门，查证后再与您联络好吗？""您说的这些，确实是有一定的道理，如果我们能帮您一定会尽力，不能帮您的地方，也请您谅解""尽管我们目前暂时无法立刻去处理或解决这件事情，但我可以做到的是……""先生／小姐，感谢您对我公司××活动的关注，目前我们还没有收到最新的通知，……或者迟点再咨询我们""先生／小姐，非常感谢您的反馈，我们会尽最大的努力改进这方面的问题，也希望您能一如既往地支持和监督我们的工作，谢谢！"使拒绝的话更容易被客户接受。

（四）记录翔实原则

通常，客户投诉时反映的内容很多，在激动情绪的影响下，客户所反映的问题缺乏条理，因此在处理投诉尤其是在处理复杂或严重投诉时，须做好记录，记录的内容是跟进过程中提出解决方案的重要参考信息，也是后续总结、培训过程中的基础资料。

在记录过程中，可以采用如下交流方法："请问您方便提供具体情况吗（发生的详细地址、时间、现象等）？我们给您记录，方便我们尽快查询处理，感谢您的配合！""谢谢您向我们提供的宝贵意见，我们会将该意见记录向有关部门反映！""先生／小姐，您的提议我很认同，我会记录下来，希望能够尽快实施，敬请留意！非常感谢您的宝贵意见"，让客户感觉受到了重视，使信息顺利得到收集。

（五）解决问题原则

不论何种类型的投诉客户，其目的必然是希望通过投诉来满足自身需求。因此，为尽快解决客户问题，须在与客户沟通过程中始终以解决客户问题为目的，深入发掘客户需求，并以之作为解决方案的效果体现。

（六）责任落实原则

严格遵守国家电网公司颁布的"首问负责制"，即谁受理，则谁跟进与回复。

随着维权意识的不断觉醒，投诉必然会增多，很多企业认为解决投诉的重点在于解决问题，其实不然，站在顾客的角度来看，很多时候投诉人员根本没有听懂、根本无法体会客户的心情。

其实，投诉处理的核心在于与客户共情，聆听和安抚客户，尤其是对情绪激烈的客户，更是要优先应对情绪，然后再处理问题。

第二节　处理电力客户投诉的心理技巧

有些供电企业工作人员一提到客户投诉，首先想到的是"麻烦、挑剔"，经常采取回避、推诿、敷衍了事的态度对待客户投诉，从而使客户更加不满意，造成投诉升级。

但是，逃避并不能根本的解决问题。面对当前优质服务的严峻形势和用户日益增多的用电需求，用户在日常的生活和生产过程中，会因为不同情况对供电企业形成各种类型的投诉。

但无论涉及何种专业、何种类型的投诉情况，作为一名优秀的企业服务人员，都应直面用户，必须做到不逃避、不推诿、不扩大、不急躁，同时也要根据实际情况和用户实际要求区别对待、分类处理,了解掌握并灵活运用多种消除异议的技巧,才能在处理客户投诉的过程中得心应手。处理客户投诉的具体技巧主要有以下几种。

(一)掌控情绪

通常客户在进行投诉时,会带有激动情绪进行投诉或抱怨,这是十分正常的现象。因此,为更快速、清晰地了解客户需求与投诉内容,必须首先使客户情绪的激动程度降低到一定范围。与此同时,客户的激动情绪通常会感染投诉受理人员的情绪,使投诉受理人员无法理智对客户投诉内容进行判断。这便需要投诉受理人员首先对客户的情绪进行安抚,使客户投诉时的情绪受到一定控制,使投诉者与投诉受理者的沟通处于平静情绪下。

这种技巧应把握三个要点:一听,认真倾听客户的投诉或抱怨,搞清楚客户不满的要点所在;二表态,表明对此事的态度,使客户感到你有诚意对待他们的投诉或抱怨;三承诺,能够马上解决的当时解决,不能马上解决的给一个明确的承诺,直到客户感到满意为止。

(二)搜集信息

客户投诉的主要目的在于通过倾诉自身对供电服务质量的不满,表达出电力公司就投诉问题点进行改进的期望。因此便要求投诉受理人员准确无误的对客户投诉问题点的捕捉,须在与投诉客户沟通过程中,透过客户对投诉事件的描述,采集引起客户投诉的问题点及相关用电信息。

在这个过程中,可以采用委婉否认法表达自己的意见,避免陷入负面评价。譬如对于主观自负的客户,如果直接用"是的,但是"的句型,会让客户感到极强烈的否认,这个时候可以改为较委婉的"是……而……"句型,或者"除非……"的句型,然后再陈述自己的观点。这种技巧特别适用于澄清客户的错误想法、鼓励客户进一步提出自己的想法等方面，常常起到出人意料的显著效果。

（三）掌握客户类型

与客户之间的沟通能否有效决定了解决客户投诉的成败。为快速满足投诉客户的投诉要求，与客户取得良好沟通，应通过对客户的心理特征进行判断，掌握客户类型，明确与客户沟通时的话术技巧。

对于与客户进行面对面交流的一线员工来说，能够及时、迅速判断出不同客户的性格类型能够更有针对性地进行服务，全面提升服务的质量。将人的性格特征和行为方式按照行事的节奏和社交能力（与人打交道的能力），可以分为老鹰型、孔雀型、鸽子型和猫头鹰型四种类型，并对这四种类型的客户做了一定的分析。

1. 老鹰型

做事爽快，决策果断，以事实和任务为中心，有些人对他们的印象会是他们不善于与人打交道。他们常常会被认为是强权派人物，喜欢支配人和下命令。他们的时间观念很强，讲求高效率，喜欢直入主题，不愿意花时间同你闲聊，讨厌自己的时间被浪费。

他们往往讲话很快，音量也会比较大，讲话时音调变化不大，可能急不可待地想知道你可以提供什么帮助或服务给他们；他们会以质问的语气问："你告诉我这件事到底该如何解决？"以显示他们的权威。在电话中同这一类型的客户长时间交谈有一定难度，因为时间对他们来讲很重要，要直入主题。

2. 孔雀型

做事爽快，决策果断。但与老鹰型的人不同的是，他们与人沟通的能力特别强。

他们往往讲话很快；音量也会比较大；讲话时音调富有变化，抑扬顿挫；同时，他们也会表现得有沟通的欲望。由于他们看重关系，对人热情，所以，作为服务人员，向他传递一种你也很看重关系，也很热情的感觉就可以吸引他们。

3. 鸽子型

友好、镇静，做起事来显得不急不躁。他们喜欢按程序做事，做决策一般会较慢。他们往往也会多疑，不希望与别人发生冲突，在冲突面前可能会退步，所以，在遇到压力时，会趋于附和。

他们往往讲话不快，音量也不大，音调会有些变化，但不像孔雀型的那么明显。服务人员在与其沟通时要显得镇静，不可急躁，讲话速度要慢，音量不要太高，相对要控制你的声音，并尽可能地显示你的友好和平易近人，表现得要有礼貌。

4. 猫头鹰型

不太容易向对方表示友好，不太爱讲话，不太喜欢与人打交道。他们工作认真，讨厌不细致、马虎的工作态度。做事动作缓慢，做决策也很慢。他们对于那些习以为常，毫无创新的做事方法感到很自在。

他们讲话不快，音量也不大，音调变化也不大。在服务过程中要表现得一丝不苟，有条不紊，给对方留下你是个事事有计划的人的印象。

对有经验的服务人员来说，能够在第一时间看出客户的所属类型，并采取最合适的对话方法，可以有效地达到沟通的目的，节省工作时间。

（四）有效沟通

在掌握客户类型的基础上，对客户使用相应的话术技巧，有针对性的与客户进行沟通，明确客户需求。若无法与客户取得有效沟通，便会致使客户需求无法顺畅表达，客户不满的情绪无法得到宣泄，而投诉受理人员也无法顺利取得客户真正需求。下面就介绍几个沟通的心理技巧。

"我有一个建议，您是否愿意听一下？"这么做是为了让他认同你的提议，而这个提议是中立的。

"你希望我怎么做呢？"通常我们自以为知道别人的想法。我们认为我们有探究别人大脑深处的能力。为什么不问一下对方的想法呢？只有当对方描述它的想法的时候，我们才能真正确定，才可能达成双方都接受的解决方案。

回形针策略：这是一个小的获得认同的技巧，当接待情绪激动的客户时，他会请求客户随手递给他一些诸如回形针、笔和纸等东西，当客户递给他时，他便马上感谢对方，并在两人之间逐步创造出一种相互配合的氛围，有效地引导客户进入一种相互合作而达成一致的状态。

"我很高兴您告诉我这些问题，我相信其他人遇到这种情况也会和您一样的。现在请允许我提一个问题，您看这样处理是否合您的心意。"利用这样的对话，你可以抓住扭转局面的机会，利用他施加给你的压力。

多问几个"为什么"。通常你在问对方问题时，对方总是会有答案的。如果你问他们为什么，他们就会把准备好的答案告诉你。但是，只有你沿着这个答案再次逐项地追问下去，它们才会告诉你真正的原因，你才能找到满足客户"需求"的方案。

第三节　提高与电力客户沟通效果的技巧

沟通每个人都会，看似简单，但是迅速有效地沟通能检验出一个人的综合素养，沟通不仅是一种能力而且是一种技巧，是可以训练出来的。

在心理学中有一个概念叫"沟通障碍"，是指在信息传递或者信息交换过程中受到干扰使信息失真的现象。在沟通过程中，信息发送者和接受者的情绪、倾向、个人感受、表达能力、判断力等都会影响信息的完整传递。沟通障碍主要表现为表达能力不佳、信息传送不全、信息传递不及时或不适时、知识经验的局限等。下面，着重阐述一下，如何使面对面的沟通达到我们想要的效果。

1. 目的明确

目的是沟通方向和方式的指引，客户通常都是带着明确的目的跟我们进行沟通，我们必须在客户简短的叙述中迅速抓住他的目的和诉求，这就对工作人员的理解能力和总结能力提高了要求。投诉案例中我们不难发现客户反反复复表达同一个意思却不能使工作人员领会，本来就有焦虑情绪的客户变得更加恼火。不管客户是带着什么情绪来表达他的意思，我们能迅速理解他的诉求，并使客户知道自己正在被理解，就能一定程度的安抚客户。

2. 内容切题

明白客户的沟通目的，之后的主要谈话内容都要围着客户所关切的方面，不能左顾而言他。沟通要有诚意，做到知无不言，言无不尽。实事求是的回答，知道就是知道，不知道的不能瞎说，不确定的确认后再说。

3. 运用体语

体语也就是身体语言，身体语言能促进沟通双方的了解，达到口语所不能达到的效果，同时也能暴露口是心非的说话者。譬如看到同性客户的衣服上有灰尘，可以替她拂去；或者客户头上有杂物，替她拿掉等。这样的细节行为不会引起客户反感，而且能达到迅速拉近心理距离的目的。

4. 保持理性

工作中难免遇到不舒心的情况，甚至有客户不问青红皂白就发火等。遇到类似情况我们需要保持理性，控制好自己的情绪。客户发怒时，如果我们控制不好自己的情绪，无疑是火上浇油，除了使情况更糟糕外一无所获。当你想发脾气时，深吸一口气，在心里默默地从 1 数到 10，然后再做反应，是控制情绪的有效方法。

5. 换位思考

心理换位，即站到对方的角度上想问题，与他人互换角色、位置。俗话说"将心比心"，通过心理换位，充当别人的角色，来体会别人的情绪与思想，这样就有利于更好更快地理解对方。

6. 及时反馈

沟通双方因为有不同的知识背景、情绪倾向、表达能力等，所以对同一信息的理解把握程度不一样，为了确保我们真的理解了客户的意思，每领会一个信息都需要及时向客户澄清确认。客户的反馈能及时修正错误的方向，降低错误的概率。

7. 沟通技巧

服务过程就是工作人员与客户打交道的过程，人际交往过程中的心理效应是社会生活中较常见的心理现象和规律，它具有积极与消极两方面的意义。利用这些心理效应就成为人际沟通中的技巧，在工作中就能做到有的放矢，达到事半功倍的效果。常见的心理效应有以下几种。

（1）首因效应。首因效应是指交往双方第一次交往中形成的第一印象影响着以后的交往关系，即先入为主的效果。如果第一印象比较好，那么对方就愿意继续交往下去，而且倾向于将对方的中性行为解读为正面行为；如果第一印象不好，那么对方容易用有色眼镜看待，倾向于负面评价交往的另一方，而且这种不客观的认知改变起来需要一定的时间和努力。

这种主观印象的形成发生在每个人身上，不可能不受其影响。这种效应在工作中给我们的启示就是要留给客户良好的第一印象，防止首因效应的负面作用。有研究发现与一个人初次会面，45秒内就能产生第一印象。它主要是获得了对方的性别、年龄、长相、表情、姿态、身材、衣着打扮等方面的印象，判断对方的内在素养和个性特征。因此，工作人员的衣着打扮要统一专业，态度要和善，行为要积极主动。如果第一次服务遇到困难，一要记录客户的信息，以便回访和再次服务；二要记录待解决难点，回公司商讨解决方案，再次服务时要保证解决问题；三要向客户解释原因及接下来的行为，安抚客户。一切流程要规矩统一，显示出专业和用心。

（2）近因效应。近因效应指的是最近的印象在交往中具有的影响。由于人类记忆的特点，最后留下的印象，往往是最深刻的。首因效应在与陌生人的交往中比较明显，而近因效应在与熟悉的人交往中发挥作用。近因效应在工作中给我们的启示就是要时刻保持服务的周到，不光在最初与客户建立关系时用心服务，在取得客户的信任后更要用心，很有可能因为一次疏忽，给客户造成不便，而对电力公司的印象急转直下。如果出现问题，首先要向客户道歉，然后待事情查明原因，该负的责任要积极主动，亡羊补牢，为时未晚。

（3）刻板印象。刻板印象主要是指人们对某个事物或物体形成的一种概括固定的看法，并把这种看法推而广之，认为这个事物或整体都具有该特征，而忽视个体差异。刻板印象是一种固定化认识，容易产生偏差，使人难以准确客观地深入了解彼此。对客户的了解存在误区，服务难免不周到。例如，人们普遍认为男性客户看待问题宏观大气，不注重细枝末节，但是也有一些男性客户吹毛求疵，在鸡毛蒜皮的事上揪扯不清。刻板印象在工作中的作用是可以利用这个效应迅速把握某一群体的共同特点，但是也要细心发现、深入了解同一群体不同个体间的差异，所谓"知己知彼，百战不殆"，只有了解客户，服务才能做到投其所好，获得客户的满意。

（4）相似效应。人们总是对与自己爱好、个性、经历、背景等相似的人更有好感，交往的更频繁，这就是相似效应。相似效应能迅速拉近双方的心理距离，感情上得到共鸣。这种相似非常广泛，可以是共同喜欢的电影明星，也可以是共同的地域，俗话说"老乡见老乡，两眼泪汪汪"就是这个效果。这种相似使人与人之间相互接近，相互体谅。只要我们用心，总能找到两个人之间的相似部分，工作中我们可以利用相似效应拉近与客户的距离，建立一定的感情联系对工作的评价更有积极意义。

（5）皮格马利翁效应。皮格马利翁效应本质上是一种暗示，这种暗示来自外界。当一个人获得另一个人的信任、赞美时，他便增强了自我价值，获得一种积极向上的动力，并尽力达到对方的期待，以避免对方失望。人性有向善的一面，我们去启发、暗示别人去展示善良的一面，相信我们会收获惊喜的。

工作中，可能遇到一些难缠的客户，撒泼耍赖让人束手无策，生活中这样的人得不到好评，索性破罐子破摔，一赖到底。但是赞美、信任和期待是具有一种能量的，正确运用它便能改变人的行为。这种赞美必须是真实的，虚假的赞美让人厌恶，给人不可靠的感觉。一个客户明明很胖，偏偏赞美他身材苗条，客户会感觉是在讽刺自己。对一个难缠的客户，我们要从细节入手发现他善良或者其他的优秀品质，让他感受到我们用积极的眼光看待他，并相信对他会有更多的积极行为。积极的暗示可以是一句话，也可以是一个眼神，无论是什么形式，都必须是真实的，虚假的心理信号能迅速被别人识别，并激起对方的反感。

（6）投射效应。投射效应就是"以己度人"。常常以为别人与自己具有同样的观点和思想等，认为别人应该知道自己的所想所思。当别人的想法或行为与我们不同时，我们习惯用自己的标准去衡量别人，从而认为别人是错的。有一句话这样说"你认为世界是怎样的，那么世界就是怎样的"，讲的就是投射的意思。我们应该利用投射的积极作用，避免消极作用。那么在工作上给我们的启示有两点：一是要用乐观积极的态度与客户交往，那么客户就会用积极的态度回应我们；二是了解到各人有不同的思维方式和观点，评价事物要学会从多个角度、多个方面去分析，不能以自己的喜好为标准，不能用自己的想法揣度客户的需求，沟通应该及时到位。

总的来说，沟通需要技巧，但更需要"用心"。如果你感觉和客户沟通起来很困难，那是因为你内心拒绝和他们沟通。因为拒绝，也就很难站在客户的位置上去思考，去理解他们的焦虑与愤怒。只有你打开心扉，才能接受客户，倾听他们的问题。也许你会惊奇地发现，和客户沟通并没有想象的那么难。

第四节　电力客户情绪应对策略和技巧

情绪，是对一系列主观认知经验的通称，是多种感觉、思想和行为综合产生的心理和生理状态。最普遍、通俗的情绪有喜、怒、哀、惊、恐、爱等，也有一些细腻微妙的情绪如嫉妒、惭愧、羞耻、自豪等。情绪常和心情、性格、脾气、目的等因素互相作用，也受到荷尔蒙和神经递质影响。无论正面还是负面的情绪，都会引发人们行动的动机。尽管一些情绪引发的行为看上去没有经过思考，但实际上意识是产生情绪重要的一环。

情绪既是主观感受，又是客观生理反应，具有目的性，也是一种社会表达。情绪是多元的、复杂的综合事件。情绪构成理论认为，在情绪发生的时候，有五个基本元素必须在短时间内协调、同步地进行。

1. 认知评估

注意到外界发生的事件（或人物），认知系统自动评估这件事的感情色彩，因而触发接下来的情绪反应（例如，看到心爱的宠物死亡，主人的认知系统把这件事评估为对自身有重要意义的负面事件）。

2. 身体反应

情绪的生理构成身体自动反应，使主体适应这一突发状况（例如，意识到死亡无法挽回，宠物的主人神经系统觉醒度降低，全身乏力，心跳频率变慢）。

3. 感受

人们体验到的主观感情（例如，在宠物死亡后，主人的身体和心理产生一系列反应，主观意识察觉到这些变化，把这些反应统称为"悲伤"）。

4. 表达

面部和声音变化表现出这个人的情绪，这是为了向周围的人传达情绪主体对一件事的看法和他的行动意向（例如，看到宠物死亡，主人紧皱眉头，嘴角向下，哭泣）。对情绪的表达既有人类共通的成分，也有各自独有的成分。

5. 行动的倾向

情绪会产生动机（例如，悲伤的时候希望找人倾诉，愤怒的时候会做一些平时不会做的事）。

对情绪的心理认知能够一定程度上帮助企业客服人员更加准确的把握客户的即时情绪，以及选择合理恰当的处理方法消除客户的不良情绪，增进其积极情绪。有关情绪本质的经典理论，尤其是情绪认知理论对于情绪的根本实质进行了非常充分的探讨。例如，美国心理学家阿诺德提出的"评定—兴奋"说认为，刺激情境并不直接决定情绪的性质，从刺激出现到情绪的产生要经过对刺激的估量和评价。情绪产生的基本过程是刺激情境—评估—情绪。同一刺激情境，由于对它的评估不同就会产生不同的情绪反应。情绪的产生是大脑皮层和皮下组织协同活动的结果，大脑皮层的兴奋是情绪行为最重要的条件。与此相似，美国心理学家沙赫特和辛格提出的两因素情绪理论认为，情绪的产生有两个不可缺少的因素：一是个体必须体验到高度的生理唤醒；二是个体必须对生理状态的变化进行认知性的唤醒。情绪状态是由认知过程、生理状态、环境因素在大脑皮层中整合的结果。这可以将上述理论转化为一个工作系统，称为情绪唤醒模型。这些情绪认知理论都提示我们，情绪产生的重要因素不仅仅是刺激或个体所处的情境本身，另一重要变量是个体对这一刺激或情境的认知评估。在电力使用过程中也是如此，客户对出现的电力使用问题或服务问题有怎样的认知评估会直接导致其产生何种情绪反应。倘使客户将问题认识为是电力企业或服务人员工作不到位则会有抱怨、愤怒的情绪，但倘使客户将这些问题认识为其他因素如外界不可抗因素等，其即使有一定的不满，也不会引发过于强烈的负面情绪。

关于个体的认知如何影响情绪，最为具体和详尽讨论的当属情绪ABC理论。情绪ABC理论是由美国心理学家埃利斯创建的。这一理论认为，激发事件A（activating event 的第一个英文字母）只是引发情绪和行为后果C（consequence 的第一个英文字母）的间接原因，而引起C的直接原因则是由于个体对激发事件A的认知和评价而产生的信念B（belief的第一个英文字母）。一个人的消极情绪和行为障碍结果C，不是由于某一激发事件A直接引发的，而是由于经受这一事件的个体对它不正确的认知和评价所产生的错误信念B（也称为非理性信念）直接引起的。错误信念也称为非理性信念。

如图4-2所示，A指事情的前因，C指事情的后果，有前因必有后果，但是有同样的前因A，产生了不一样的后果C1和C2。这是因为从前因到结果之间，一定会透过一座桥梁B，这座桥梁就是信念和我们对情境的评价与解释。又因为，同一情境之下（A），不同的人的理念及评价与解释不同（B1和B2），所以会得到不同的结果（C1和C2）。因此，事情发生的一切根源缘于我们的信念、评价与解释。情绪ABC理论的创始人埃利斯认为，正是由于我们常有一些不合理的信念才使我们产生情绪困扰。久而久之，这些不合理的信念甚至还会引起情绪障碍。例如，日常生活中经常能够发现，对于同样一件事，不同的人会引起不同的情绪体验。同样是遇到停电问题，一个客户可能没有什么明显的情绪反应，而另一个人则会暴跳如雷。为什么？就是诱发事件 A 与情绪、行为结果 C 之间还有个对诱发事件 A 的看法、解释 B 在作怪。对于第一个客户，其对停电问题的认知是合理化的，可能认为是由于自然因素等不可抗力导致的临时停电情况，因此停电这一事件是可以理解的。而对于第二个客户，其对停电问题的认知出现了不合理的解释，如认为只有其个人这么倒霉，遭遇停电的问题，或是认为电力企业没有尽到相应的职责才导致停电出现。这种不合理的信念会直接引发其产生各种消极情绪。

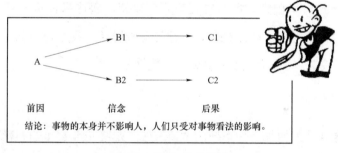

图 4-2　情绪 ABC 理论

依据 ABC 理论，分析日常生活中的一些具体情况，不难发现人的不合理观念常常具有以下三个特征。

1. 绝对化的要求

这是指人们常常以自己的意愿为出发点，认为某事物必定发生或不发生的想法。它常常表现为将"希望""想要"等绝对化为"必须""应该"或"一定要"等。例如，"我必须成功""别人必须对我好"等。这种绝对化的要求之所以不合理，是因为每一客观事物都有其自身的发展规律，不可能以个人的意志为转移。对于某个人来说，他不可能在每件事上都获得成功，他周围的人或事物的表现及发展也不会以他的意愿来改变。因此，当某些事物的发展与其对事物的绝对化要求相悖时，他就会感到难以接受和适应，从而极易陷入情绪困扰之中。

2. 过分概括化

这是一种以偏概全的不合理思维方式的表现，它常常把"有时""某些"过分概括化为"总是""所有"等。用艾利斯的话来说，这就好像凭一本书的封面来判定它的好坏一样。它具体体现在人们对自己或他人的不合理评价上，典型特征是以某一件或某几件事来评价自身或他人的整体价值。例如，有些人遭受一些失败后，就会认为自己"一无是处、毫无价值"，这种片面的自我否定往往导致自卑自弃、自罪自责等不良情绪。而这种评价一旦指向他人，就会一味地指责别人，产生怨恨、敌意等消极情绪。我们应该认识到，"金无足赤，人无完人"，每个人都有犯错的可能性。

3. 糟糕至极

这种观念认为如果一件不好的事情发生，那将是非常可怕和糟糕。例如，"我没考上大学，一切都完了""我没当上处长，不会有前途了"。这种想法是非理性的，因为对任何一件事情来说，都会有比之更坏的情况发生，所以没有一件事情可被定义为糟糕至极。但如果一个人坚持这种"糟糕"观，那么当他遇到他所谓的百分之百糟糕的事时，他就会陷入不良的情绪体验之中而一蹶不振。

推广到电力使用和电力服务工作中，客户也会由于存在一些"绝对化要求""过分概括化"和"糟糕至极"等不合理想法，而导致有一定的情绪，并引发投诉行为。当电力服务人员在工作中遭遇客户的情绪波动甚至情绪失调时，应进一步考虑客户有可能存在的不合理信念，并有意识地用合理观念取而代之。

此外，在具体工作中有几类客户的投诉最让人头疼，如愤怒的、挑剔的、霸道的、喋喋不休的等，遇到这种客户，如何做到让客户又满意又感动而不挑剔，才是最高的境界。其中，最常见的客户情绪就是愤怒，下面我们就来着重分析愤怒情绪状态下的客户应对策略。

综合认知模型理论将愤怒的认知机制分为三个发展阶段，分别为敌意解释，反思注意和努力控制。敌意解释指的是客户将服务情景评价为有敌意的，不满的。反思注意是指客户对敌意情景反复加工以加强和维持愤怒体验。努力控制可以理解为调节和控制愤怒行为的能力。了解愤怒的发生机制，做好应对的心理准备，针对不同的发展阶段，我们制定了相应的应对策略。

1. 允许发泄

愤怒时客户的情绪需要发泄，而且在发泄时会叙述愤怒情景，在这个过程中客户对愤怒情景重新体验一遍，愤怒情绪会更加强烈，这个阶段客户会出现很多情绪化反应，如骂脏话，嘶吼，敲打东西等。我们应该摆正心态，客户的这些行为并不是对我们的敌意，而是他发泄的方式，要尽量保持我们的冷静状态，不要受愤怒情绪的影响。

2. 减少挫折

客户在发泄过程中，我们不要出现解释、顶撞等行为，在愤怒情绪下客户的理智是受限的，解释可能成为他们争吵的理由，最重要的是减少客户的挫折感，尤其是发泄时受阻相当于给客户火上浇油，要发泄就痛痛快快地让他说，说的过程中，眼神与客户适当接触，时不时地回应"抱歉""我理解"等简短的话，表达我们在倾听，而且很同情客户的遭遇。如果是当面沟通，最好在客户说话停顿的间歇递一杯凉开水，以物理温度降低心理的温度。

3. 转移注意力

不同客户的控制能力是不一样的，我们要协助控制能力弱的客户不再让愤怒持续，转移注意力的方法是比较直接和可控的。客户发泄完了，我们要转移客户的注意力，不要再重复体验愤怒情绪。可以聊一些客户感兴趣的话题，说一些我们做得比较好的服务或者提问客户的其他需求。如果是当面沟通，可以关心一下客户是怎么过来的，路上是否顺利等，给予一些情感的关怀。

4. 处理问题

最后要向客户表示会重视他的投诉，以什么方式、时间给予反馈，并及时将处理结果告知客户。

要记住，客户的愤怒并不是针对个人，而是针对问题或其他发生的事情，不要让他们的情绪将你拖入争辩。

除此以外，还有几种不易处理的客户情绪问题，可以通过一些心理技巧消除。

（1）威胁型。情绪表现为易怒、想控制别人，辱骂、威胁、批评、傲慢无礼。面对这类用户，要不卑不亢，坚定、理性的陈述你的观点，从而控制局面。

（2）喋喋不休型。情绪表现为不停抱怨产品或服务，但不会提出他的要求。面对这类用户要有耐心，了解到他的忧虑后，直接询问他的要求。

（3）沉默型。情绪表现为不多话，只用"是"或"不是"来回答问题。面对这类用户要多问开放型问题，了解他的需求，帮助客户开口。

（4）否定型。情绪表现为了反对而反对，尤其在争论的时候，否认一切建议。面对这类用户要在陈述过程中发现客户的逻辑漏洞，举反例限制他们表示反对的机会。

记住，不要在客户情绪激动的时候跟他讨论问题，出现矛盾时首先要关注的是客户的情绪，想办法让客户的情绪稳定下来，再去面对问题、解决问题。也不要在自己情绪激动的时候做任何决定，也不要相信冲动情况下所说的话。当我们面对客户时，首先要把自己的情绪处理好然后再跟客户交涉，情绪稳定状态下最有利于我们做出理性决策。

第五节　电力客户行为特征背后的心理现象

肢体语言又称身体语言，是指通过头、眼、颈、手、肘、臂、身、胯、足等人体部位的协调活动来传达人物的思想，形象地借以表情达意的一种沟通方式。

心理学家发现，通常情况下，如果口头语言与身体语言相矛盾，那么真正反映人们真实心态的是身体语言，而此时的口头语言仅仅构成了一种装饰性的"面具"。如果一个人身体语言所传达的信息与语言传达的信息相互抵触，则会抵消语言沟通的效果。

心理学实验发现，一个人要向外界传达完整的信息，单纯的语言成分只占7%，声调占38%，另外55%的信息都需要由非语言的体态语言来传达，而且因为肢体语言通常是一个人下意识的举动，所以它很少具有欺骗性。咬一下嘴唇、擦一擦前额、下意识地摸摸脖子，这些细微的小动作传递着人的心理活动。肢体动作是无意识的本能行为，很难刻意控制，因此能比语言更真实地传达人的情感。善于在谈话中读懂对方的肢体语言，能让我们更好地了解他潜意识中的心理变化，从而在交谈中游刃有余。

肢体语言方式可以分为以下6种。

（1）广域信号：包括我们的举止和身体摆放的方式。

（2）身体语言：用身体躯干在我们沉默无语时表达的情感。

（3）微观动作：手指、鼻子等微观部位做出来的动作，小到瞳孔的放大与收缩。

（4）面部动作：也就是我们的面目表情。

（5）空间行为：你与别人的距离。

（6）触觉：拥抱、握手、接吻等接触性动作。

按照可靠性来说，字面上的谎言在所有的语言表达中是可信度最低的一种渠道，也是最容易撒谎的一种方式。口语可斟酌和修改的时间要少一些，可靠程度就可能比书面语大一些。而肢体语言，往往最不容易被意识控制，甚至在无意之中就露出了真相，因而可靠性也就最大。常见的肢体语言有以下几种。

1. 目光语

目光语主要由视线接触的长度、视线接触的向度及瞳孔和变化等三方面组成。

视线接触的长度，即目光停留的时间。与人交谈时，视线接触对方脸部的时间一般为 30% ～ 60%。超过这一平均者，可认为对谈话者本人很感兴趣；低于此平均值者，可认为对谈话内容和谈话者都不怎么感兴趣。注视的时间，除关系十分亲近的人外，一般在两秒左右，以免引起对方反感。长时间的凝视、直视或上下打量都是失礼行为。

视线接触和向度，即目光的方向。俯视一般表示爱护、宽容的语义；正视一般多为理性、平等的语义；仰视一般为尊敬、期待的语义。从听者的角度来看，如果他感兴趣，目光大多集中在讲话者的脸上，并且在听到疑问处或重要处，目光会不自主地与讲话者目光相接；若听者目光不稳定地四处乱看，表明他没有兴趣；当听者目光长时间凝视某处或视而不见时，多半反映了他根本没有听你的讲话，思想在溜号；如果听话者害怕同你的目光相接，很可能不愿意你了解此事；如果是紧盯住你，则可能是他有话要说，希望你能注意他。

2. 眼部动作

爱默生曾经这样说过，人的眼睛和舌头所说的话一样多，不需要字典，却能够从眼睛的语言中了解整个世界。

目光炯炯有神体现了精力充沛，干劲十足；目光迟钝体现了为人木讷或是做事注意力不集中；目光清澈体现了坦然无畏，光明正大；目光浑浊体现了糊涂不精明或是过度劳累；目光闪烁体现了神秘或是心虚；目光如炬体现了大义凛然。在交际的过程中应该正确利用自己的目光语言，显示自身的气质，给人留下好的第一印象。

睁大眼睛蕴含了多种不同的含义，具体取决于脸部的其他特征：睁大眼睛的同时，眉毛高耸和脸颊凹陷，可能表示恐惧；睁大眼睛时，扬起眉毛并面带笑容，表示幸福和颇感兴趣；睁大眼睛迅速一瞥后就回到正常神色，则表示惊讶。

人在说谎或处在压力状态下时眨眼速度非常快；在放松情境下（如阅读、做白日梦和用电脑工作时）眨眼的速度会放慢。

当人们觉得一些事物让他们感到恶心或反感，或者感觉自己被错误的指责时，他们的反应就是眯起眼睛。眼睛眯缝得越严实，厌恶感就越为强烈。

3. 嘴部动作

嘴部是面部表情中富有表现力的部位。在人面部器官中，嘴唇目标比较大，所处位置比较显著，牙齿周围口匝肌在学习有声语言过程中被训练得十分灵活，常常会不自觉地做出较多动作，表达出丰富感情。

嘴部表情主要体现在口形变化上。伤心时嘴角下撇，欢快时嘴角提升，委屈时撅起嘴巴，惊讶时张口结舌，愤恨时咬牙切齿，忍耐痛苦时咬住下唇。

咬嘴唇其实是释放压力的一种方式，当人们心有愤怒或怨恨，却又苦于无处发泄时，常常以此来表达自己内心的不满和紧张。

当人们面临很大的压力时，通常会感到口干舌燥，于是会用舌头不断地舔舔嘴唇，以便让它湿润些。同样的道理，当人们感到不自在或心理紧张时，也会用舌头反复地摩擦嘴唇，以此来安慰自己，并试图使自己镇定下来。

当一个人的嘴唇往前撅的时候，往往表明他心存不满情绪或者不同意见。从心理学的角度看，这是当事人希望将不满意的意见"拒之门外"的意思。

当人们面临压力时，一种常见的反应是藏起或拉紧自己的嘴唇。随着压力越来越大，原本丰满的嘴唇会逐渐变得扁平，最终成为一条直线。此时，人们的情绪和自信也跌至谷底。

从心理学的角度来看，嘴唇紧抿是自我抑制的表现，就好像是大脑在告诉我们"紧闭嘴巴，不要让任何东西进入身体里"。这个动作将当事人的焦虑之情暴露无遗。

4. 身体运动

身体运动是最易为人发现的一种身体语言，其中手势语占有重要位置。在正常情况下，个体都会用手势来表达态度和情感。一些常见的身体运动形式有摆手，表示制止或否认；双手外推，表示拒绝；双手外摊，表示无可奈何；双臂外展，表示阻拦；搔头或搔颈，表示困惑；搓手、拽衣领，表示紧张；拍头，表示自责；耸肩，表示不以为然或无可奈何。

5. 手部动作

根据行为心理学，有时候无须经过语言，手部的运作往往就能直接反应人的感情和欲望。人的大脑皮层除控制面部的动作外，绝大部分就是用来控制手部动作。比如，当我们说"捏一把汗"时，紧张的情绪就不仅表现在脸上，还会在手中显现出来，甚至"手的表情"比"脸的表情"表现得更真实。

双手叉腰或放进裤袋里。用手揣在裤兜里这个动作表示不愿意暴露真心的戒备心理。而双手叉腰则是"做好准备"的姿势，基本含义是"侵略性的"，被视作成功者的姿势；双手交叉放在胸前，这意味着防御或否定的态度；用手挡住自己的嘴唇，这是一个常见的批评性姿势，表示听话人对说话人的不满意，或者表示想要隐藏心中的秘密。如果手合拢放到脸部位置，那表示此人心情愉快，很有自信。用手在耳朵部位搔痒痒或轻揉耳朵，说明对方已不想再听你说下去；用手指轻轻触摸脖子，说明对方对你说的持怀疑或不同意态度；把手放在脑袋后边，说明对方有意辩论；用手挡住嘴或稍稍触及嘴唇或鼻子，说明对方想隐藏内心的真实想法；用手指敲击桌子说明对方无聊或不耐烦（用脚敲击地板同此理）。

6. 头部姿势和肩部姿势

如头侧向一旁，说明对谈话有兴趣；挺得笔直则说明对谈判和对话人持中立态度；低头一般说明对对方的谈话不感兴趣或持否定态度。

肩部舒展说明有决心和责任感；肩部耷拉则说明心情沉重，感到压抑；肩部收缩，说明此时在火头上，情绪激动；肩部耸起，说明处在惊恐之中。

7. 脚部动作

当我们还在站着的时候，即便我们想忽视双脚的存在，它还是会不移地支撑着我们的身体，但是当我们坐下，尤其是坐在桌子后面的时候，我们的双脚就开始肆无忌惮地传达着我们的内心情感了，因为它是那么容易被我们的潜意识控制。

坐着的时候把一条腿轻巧地放置在另一条腿上的姿势表达的是他对交谈不感兴趣。在商务交际中，如果一个人在坐着的时候双臂和双腿都保持交叉状态，那么他就会倾向于使用短句，对他人的建议也更多地持否定态度，而且对于大家所讨论的细节问题会有些漫不经心。相对而言，那些坐姿自然开放的人就要积极和投入得多了。

当一个人在和你交谈的时候，双臂和双腿都做出互相交叉的姿势，那就说明他的心绪已经游移于你们的交谈之外。这个时候你要是想让他对你的观点表示心悦诚服，那基本上可以说是不可能的。

研究显示，大部分人在做出重大决定时，都喜欢保持双脚踩在地面的姿势。回想一下，当你做出某一决定的时候，如果你当时处于单只脚着地，你是不是会迅速地将另外一只脚踏在地上？这样的动作其实有加强决心的作用，能够增强我们的意志。

在利用肢体语言进行沟通时，要注意以下几点：身体语言信号的意义直接同情境和沟通者性格特征有关，必须从整体的身体语言背景来确认每个具体身体语言信号的意义。在利用身体语言信号对人们的真实心态作判断时，一定要避免简单地从易于吸引注意的手势动作或面部表情来作结论。在日常生活中，可以运用提高身体语言自觉性的类似程序，来提高身体语言与自己社会角色及行为情境的对应性。

第六节　电力投诉处理六步曲

95598 客服中心面向庞大的用户群，关系到河南省千万户到服务厅或通过电话办理业务的客户的切身利益，为营造一个宽松舒适的营业环境，给通过现场投诉、网络投诉或电话投诉的客户留下一个诚信、亲切、可信、可靠、高质量的电力投诉处理服务良好印象，同时确保中心办理的所有投诉业务准确无误，维护 95598 良好的对外窗口形象，实现客户服务工作一体化，保证各项工作规范操作，特制订如下"客户投诉处理六步曲"漫画手册。

集投诉受理、客户安抚、投诉调查、投诉处理和跟踪服务为一体，全体客服人员本着"以客为尊、投诉为上"的宗旨为投诉客户提供亲切、专业和高效率的投诉处理服务。中心每位工作人员充当着公司优质服务形象的代表，以提供一站式投诉处理服务为己任，及时给予咨询解答，或将具体投诉转发公司相关部门落实办理、最终给客户一个满意答复。以此构建电力服务的便捷通道，消除客户与公司之间的隔阂，拉近公司与客户之间的距离，为用户提供热情周到、方便快捷的电力投诉服务，以达到重视投诉客户利益、提升公司形象，使其成为最卓越的投诉处理功能之一，高效处理各种客户的投诉。

本手册贯穿于河南全省人民用电的投诉处理工作及后期的跟踪服务等全过程。具体运作中要求本中心各岗位以本手册办法为准绳，严格按照投诉处理流程及相应操作规程执行，确保各个环节紧密相连、环环相扣。以顺应国网河南电力投诉处理业务的发展需求，共同打造国网河南电力 95598 电力服务品牌形象！

如图 4-3 所示，客户常常因为办理业务等待时间过长、突然停电后长时间无法恢复正常供电、客服电话无法接通等原因而使客户（利益相关者）产生不满或抱怨，因为电力设备、供电线路等出现突发性故障而导致供电中断，或者是电压不稳定导致客户电器受损，或者是因为客户电话投诉、现场投诉得不到及时处理和处理方无法给出一个明确的答复、推诿扯皮、慢待客户等原因而产生情绪不满和抱怨，向上级单位或同级管理部门进行投诉。

图 4-3　电力投诉者基本类型

第一步：受理投诉

若是电话投诉，业务人员应在第一时间接听电话并做好接听记录，将投诉时间、投诉者基本情况、投诉基本内容等相关信息做好详细记录，同时向客户做好解释和说服工作，在自己职责范围内给客户做出合理的承诺或答复。若是现场投诉，现场值班经理、现场负责人员或就近工作人员应第一时间上前接待客户，并为客户提供一些基本的接待服务，做好详细的接待记录，若遇到冲动、发怒的客户，应抱着一颗平常的心尽力安慰客户，给客户一个发泄和缓冲时间，耐心倾听客户投诉，抚平客户受伤的心，如图4-4所示。

图4-4　电力投诉处理六步曲——第一步：受理投诉

第二步：合理安排客户

若是现场投诉，接待者应像对待自己的家人和朋友一样礼貌接待客户，把他们引入客户接待区，就像与家人谈心一样尽量和客户亲切交谈，认真倾听客户诉求，初步做好必要的投诉记录。同时，向客户多做解释、多说安慰的话，想办法平息客户怨气，让他们知道公司对投诉的真实态度和下一步解决办法，使客户看到希望，让他们感到投诉是能够解决问题的，如

图 4-5 所示。

图 4-5　电力投诉处理六步曲——第二步：合理安排客户

第三步：了解客户投诉

作为客服接待人员，在安排好客户后，无论是面谈或电话交谈，都要以诚恳的态度、谈心的形式认真倾听客户诉求，详细记录客户投诉内容，完整填写相关记录表格，进一步详细了解客户投诉的基本信息，为合理处理客户投诉积累必要的资料，这样做也是正确面对客户的基本要求。严禁与客户争吵，以避免矛盾激化，必要时可以代表公司向客户真诚道歉，获得客户原谅，如图 4-6 所示。

第四步：详细调查

在记录了客户的基本投诉情况后，为了能够尽快妥善地处理投诉，客服人员应该对客户投诉从发生时间、地点、目击者、事故后果等方面通过询问当事人、调阅文字、影像资料，对客户投诉原因、后果、客户基本诉求等做出全方位调查，在详细了解事情真相的基础上才有可能做出科学的处理决策，如图 4-7 所示。

图 4-6　电力投诉处理六步曲——第三步：了解客户投诉

图 4-7　电力投诉处理六步曲——第四步：详细调查

第五步：处理投诉

在投诉处理完毕后，要及时通知投诉者，告知投诉处理的基本情况，并就由于投诉问题给客户带来的不便或损失再次代表公司向客户道歉，取得客户原谅，进一步巩固客户与公司感情，提升客户满意度，如图 4-8 所示。

图 4-8 电力投诉处理六步曲——第五步：处理投诉

第六步：服务跟踪

在投诉处理完毕，并告知投诉者后，客服部门还需要定期跟踪客户，进一步了解客户对投诉处理的满意度，征询他们对提升服务质量、增强客户满意度的合理建议和意见，要求他们填写投诉处理意见表，向客户发放感谢函或赠送必要的纪念品，以增强与客户的感情，为今后顺利开展工作奠定良好的客户基础，如图 4-9 所示。

图 4-9 电力投诉处理六步曲——第六步：服务跟踪

第五章

电力服务风险点管控

一、风险及防范措施

（一）用电问题风险及防范措施

1. 业扩报装管理风险

业扩报装管理风险点主要有用电项目审核不严、重要负荷识别不准确、供电方案制定不合理、中间检查与竣工检验不规范、用户业扩报装资料保管不当、"三不指定"未执行、"一口对外"未实行等七点。

（1）风险点描述。

1）用电项目审核不严。政府规定限制的用电项目，未经政府主管部门批准或审批手续不全、批复程序不合法，而供电企业受理其用电申请。

2）重要负荷识别不准确。未了解清楚用户的生产过程和工艺，对用户负荷的重要性识别不准确；重要用户的判定与用户重要程度不相符。

3）供电方案制定不合理。供电电源配置与用户负荷重要性不相符；供电线路容量不能满足用户用电负荷需求；特殊用户（谐波源、冲击性负荷）的供电电压、接入点、继电保护方式选择不合理；未向重要用户提供双电源，重要用户未配备电与非电性质的保安措施。

4）中间检查与竣工检验不规范。接地、防雷、电缆沟等隐蔽工程未提出中间检查，或中间检查不合格，用户就进行后续工程施工。用户受电工程安装单位的资质不符合国家有关规定要求；用户竣工报验资料和手续不全，供电企业就安排竣工检验；竣工检验不合格就通电。

5）用户业扩报装资料保管不当。由于用户业扩报装资料保管不当，导致业扩申请、现场查勘、供电方案制定、设计文件审查、中间检查、竣工检验、装表接电等环节的资料不完整。

6）"三不指定"未执行。违反国家电网公司供电服务"十个不准"、《供电监管办法（试行）》，为客户指定施工、设计和供货单位。

7）"一口对外"未实行。未严格按照《国家电网公司业扩报装工作管理规定》，坚持"一口对外、便捷高效、三不指定、办事公开"的原则；未实行"一次性"告知制，需客户重复办理。

（2）风险点分析。

1）用电项目审核不严。供电企业对用户提交的申请材料审核不严，导致违反国家产业发展政策而供电，从而产生政策执行风险，政府要求进行政策性排查，需要对客户进行关停及处罚，客户认为供电方负有主要责任拒绝关停及处罚，导致客户不满及投诉。

2）重要负荷识别不准确。重要用户供电方案制定不合理，没有配置备用电源，用户重要负荷没有配备自备应急保安电源和非电性质保安措施，在不连续供电情况下出现突发性事件，造成人员伤亡、导致客户投诉。

3）供电方案制定不合理。不合理的供电方案将使得供电线路、受电装置等过载运行，直接影响电网安全稳定运行和其他用户的正常用电；重要用户安全可靠供电得不到保障；应制定双电源供电方案实际未实施；收取高可靠性费用却未保证供电连续性。

4）中间检查与竣工检验不规范。未从源头有效扼制用户受电装置安全隐患，导致受电装置带安全隐患接入电网。

5）用户业扩报装资料保管不当。在合同履行过程中，如果发生供电企业与用户对申请报装、供电方案、用电计量装置、供电设施运行维护管理，甚至触电人身损害赔偿的争议，供电企业因原始材料不完整而处于被动局面。

6）"三不指定"未执行。客户不能行使施工、设计和供货单位自主选择权，造成供电企业市场垄断形象；违反《供电监管办法（试行）》，造成监管机构通报。

7）"一口对外"未实行。造成客户多部门办理业务；造成后台部门直接面对客户，已造成服务质量下降；造成客户重复办理业务。

（3）风险防范措施。

1）用电项目审核不严。严格按照《供电营业规则》要求审核用户提交的申请资料。严格按照国家产业政策和规定，审核用电工程的项目批准文件。严格按照国家电网营销〔2015〕70号文 国家电网公司关于印发《进一步精简业扩手续、提高办电效率的工作意见》的通知审核客户用电申请资料。对于用户项目的批准文件没有按照规定提交的，供电企业主动告知客户，并终止用电申请。

2）重要负荷识别不准确。全面、详细了解用户的生产过程和工艺，掌握用户的负荷特性；严格按照《供电营业规则》《关于加强重要电力用户供电电源及自备应急电源配置监督管理的意见》等规定进行负荷分级和重要用户定性判定。

3）供电方案制定不合理。提高业扩查勘质量，严格审核用户用电需求、负荷特性、负荷重要性、生产特性、用电设备类型等，掌握用户用电规划。根据用户负荷等级分类，尤其是重要用户，要严格按照《国家电网公司业扩供电方案编制导则（试行）》等相关规定来制定供电方案。非线性用户要求其进行电能质量评估，整治方案和措施必须做到"四同步"。建立供电方案多部门会签审查制度，规范供电方案的审查工作。

4）中间检查与竣工检验不规范。用户隐蔽工程部分，必须提出中间检查，且中间检查合格后才能进行后续工程施工。否则，供电企业不予对工程竣工检验。由客户服务中心牵头，由各相关专业技术人员参加，建立检验小组，加强用户竣工检验技术力量；严格按照电气装置安装工程设计、施工和验收标准与规范进行检验；中间检查和竣工检验时发现的隐患，及时出具书面整改意见，督导用户落实整改措施，形成闭环管理。复验合格后，方可允许接入电网；严把接电手续关，报验手续不全，不安排竣工验收，供用电合同或自备应急电源协议或调度协议一项没签订，不允许送电。

5）用户业扩报装资料保管不当。制定客户纸质档案管理办法，配备专职人员或兼职人员，严格按照档案管理要求，规范完整保管业扩报装过程中形成的营业资料。

6）"三不指定"未执行。严格执行"三不指定"的要求,让客户自主选择施工、设计和供货单位；供电企业积极为客户提供技术服务，把好客户自主选择施工、设计和供货单位的"资质关"。

7）"一口对外"未实行。严格按照国家电网公司《业扩报装工作管理规定》，坚持"一口对外、便捷高效、三不指定、办事公开"的原则；实行"一次性"告知制，一次性告知客户业务办理所需资料。

2.用电检查管理

用电检查管理风险点主要有用电检查不规范、日常用电检查过程中用电方不配合检查、用电检查中未能发现安全隐患或未开具书面整改通知单、用电方拒绝整改用电安全隐患、保供电等五点。

（1）风险点描述。

1）用电检查不规范。未进行规定的周期安全检查，检查人员资格不符合规定要求，用电检查人员替代用户操作受电装置和电气设备。

2）日常用电检查过程中用电方不配合检查。在日常用电检查工作中，用电方拒绝配合，导致供电方无法进行日常的用电检查。

3）用电检查中未能发现安全隐患或未开具书面整改通知单。用电检查人员技能欠缺，用电检查中未能发现用电安全隐患；检查中发现的安全隐患未充分告知用户，未开具书面整改通知单；未对隐患进行跟踪，并督促用户进行整改。

4）用电方拒绝整改用电安全隐患。用电方认为"供电企业只是一个民事主体，没有行政强制权，缺乏要求用电方强行整改的权利"，对用电检查时告知的用电安全隐患拒绝整改。

5）保供电。没有与被保供电对象签订相关协议，保供电职责、范围等不明确；保供电前期查勘不到位，没有对保供电对象的供电设施进行评估，制定的保供电方案不完善；保供电应急措施不完备，保供电应急响应机制没有建立。

（2）风险点分析。

1）用电检查不规范。未进行规定的周期安全检查，潜在的安全危险不能及时发现，隐患得不到及时、有效整改，可能导致用户电气事故和人身伤亡事故的发生；违法替代用户进行操作会导致用户设备的损坏，危及检查人员的人身安全。

2）日常用电检查过程中用电方不配合检查。按照《用电检查管理办法》规定，履行日常的用电检查工作是供电企业的职责，如果供电企业没有履行职责，一旦发生安全事故，用电方就会以供电企业没有履行日常安全用电检查为由，要求供电方承担相应的责任，而供电方却很难证明用电方拒绝配合的事实。

3）用电检查中未能发现安全隐患或未开具书面整改通知单。供电企业未尽到用电检查职责，对用户受电装置的安全隐患不掌控，潜在的安全危险不能及时发现，隐患得不到及时、有效整改，导致用户电气事故和人身伤亡的发生。

4）用电方拒绝整改用电安全隐患。供电企业未履行用户用电安全隐患的告知与提醒义务，用户由此发生电气事故和人身伤亡事故时，供电企业就可能承担用电方损害赔偿责任。

5）保供电。保供电责任不清，应急预防措施落实不到位，在突发情况时不能有效应对，导致保供电时突发紧急情况，导致停电引发舆情事件，引发客户投诉。

（3）防范措施。

1）用电检查不规范。制定周期性检查计划，落实周期性检查的考核制度；加强检查人员资格考核，检查人员必须取得相应的用电检查资质。在执行用电检查任务之前，用电检查人员应认真填写统一格式的用电检查工作单，并经主管领导批准后才能到用户处检查。用电检查人员不得替代用户操作电气设备。

2）日常用电检查过程中用电方不配合检查。按照《用电检查管理办法》规定，依法行使用电检查的检查权。用电检查人员实施现场检查时，用电检查员的人数不得少于2人。对不配合检查的用户，有条件的可以随带取证人员、公安人员、当地街道人员现场见证；用电检查人员在执行查电任务时，应主动向被检查的用户出示用电检查证，并主动要求用户有人随同检查。

3）用电检查中未能发现安全隐患或未开具书面整改通知单。加强用电检查人员培训，提高检查人员技能素质；制定操作性强的用电检查标准作业指导书；加强用电检查工作质量考核。

4）用电方拒绝整改用电安全隐患。在履行日常用电检查工作中，务必坚持 2 人共同履行职责，确保用电检查的程序合法合规。给用电方发出"安全隐患整改通知书"时，应要求用电方的有权签收人签收，以确保通知书送达的法律效力。寻求第三方力量的帮助，供电方给用电方发出"安全隐患整改通知书"时，如用电方拒绝签收，供电方可以邀请第三方人员到场见证，证明供电方给用电方送达整改通知书的事实。

5）保供电。建立保供电工作机制，成立保供电组织机构；规范保供电工作流程，完善和规范保供电协议的签订和评审工作；加强保供电前期查勘工作，在充分查勘的基础上，合理安排电网运行方式，制定周密的保供电方案和应急预案，对保电对象主动提供业务指导和技术服务。

3. 电费管理

电费管理风险点主要有抄表管理不规范、核算管理不规范两点。

（1）风险点描述。

1）抄表管理不规范。抄表管理不规范是指由于未按照国家电网公司关于抄表工作的管理要求开展抄表工作，造成电费差错及引起客户拒付电费的风险，主要包括未按规定安排抄表例日；未按抄表例日抄表；抄表准备、数据上下装时限超过工作标准规定，与现场换表等其他业务流程冲突；对电卡表、远程抄表系统、集抄系统等客户未定期开展现场核对及维护工作。

2）核算管理不规范。核算管理不规范风险是指未按国家电网公司规定的核算工作管理要求开展核算工作，造成电费差错的风险，主要包括未按国家电网公司的规定建立核算工作管理制度；未建立电价等电费计算参数的设置管理规范；未按工作标准要求集中开展核算工作；未按核算工作标准规定正确进行电量电费的退补；核算时限超过工作标准规定。

（2）风险点分析。

1）抄表管理不规范。发生电费差错，影响正常交费周期；易造成与用户在抄表示数确认方面的纠纷，影响电费及时回收。

2）核算管理不规范。发生电费差错，影响正常交费周期；易造成与用户在电量电费确认方面的纠纷，影响电费及时回收。

（3）防范措施。

1）抄表管理不规范。制定抄表管理工作标准，明确抄表例日、抄表数据上下装时限、自动抄表系统现场核对周期的规定。规范工作流程，避免在抄表期间进行换表等其他业务。加强抄表质量管理，定期开展抄表业务稽查，建立差错考核制度。

2）核算管理不规范。制定核算管理工作标准，规范电价等电费计算参数的设置管理；合理设置核算岗位，集中进行核算业务工作；通过技术手段加强对核算时限的控制。

4.抄表管理

抄表管理风险点主要有抄表差错，漏户、黑户等。

（1）风险点描述。

1）抄表差错。抄表差错风险是指出现抄表数据错误时，客户以抄录的电量与实际使用的不符合为由拒交电费的风险，主要包括抄表人员抄表不到位、估抄、漏抄、串抄、错抄引起电量差错；因现场抄表环境复杂、计量装置安装不规范引起抄表员抄表差错；抄表员对现场异常情况不能及时发现、准确处理；自动抄表系统在采集、集中、传送、倒入过程发生的数据差错。

2）漏户、黑户。漏户、黑户风险是指由于业扩工作人员漏建客户抄表册信息，或者抄表员人为漏抄，造成客户长期用电未抄表而引起的电费损失的风险，主要包括新装客户在建立抄表册信息时，出现未建、错建、窜建抄表信息等情况，或未及时纳入相应抄表册；变更客户在调整抄表册信息时，出现误销户、误调整抄表信息等情况。

（2）风险点分析。

1）抄表差错。抄录电量与客户实际使用电量不符，导致纠纷；长期的抄表差错，易发生电费损失。

2）漏户、黑户。造成客户电量一段时期或长期得不到抄录，引起电量电费损失；发现漏户、黑户后，一次性追补电量，易引起客户投诉、拒交电费，降低电费准确性信誉。

（3）防范措施。

1）抄表差错。加强抄表员责任心及业务技能培训；建立抄表质量的稽查、考核制度，定期进行抄表区责任人的轮换；加快自动抄表系统的实用化应用。

2）漏户、黑户。加强抄表区调整管理工作；加强营业普查工作；加强低压台区线损管理；定期进行抄表区责任人的轮换。

5.收费管理

收费管理风险点主要有欠费催缴不力、欠费停电执行不规范等。

（1）风险点描述。

1）欠费催缴不力。欠费催缴不力的风险是指没有按照规定程序进行通知缴费或催费造成电费不能及时足额回收的风险，主要包括没有或不及时发放电费通知单；没有采取其他的缴费告知手段；没有及时进行欠费催缴；欠费催缴证据没有保全（如缺用户签字）。

2）欠费停电执行不规范。欠费停电执行不规范风险是指没有按照欠费停电管理要求和程序进行停电造成被媒体曝光，影响供电企业形象、影响优质服务的风险，主要包括停电理由不充分、未经审批擅自停电、停电通知不到位、停电执行程序不合法。

（2）风险点分析。

1）欠费催缴不力。催费措施不力造成客户拒交电费，电费不能及时足额回收。

2）欠费停电执行不规范。被国家级媒体曝光、造成严重不良影响。

（3）防范措施。

1）欠费催缴不力。明确电费告知，通过不同的方式告知用户电费情况；建立欠费催缴闭环管理，做到催缴不漏户；发放电费催缴通知单时应有用户签名；加强对欠费催缴人员的业务培训。

2）欠费停电执行不规范。规范供用电合同，明确欠费违约责任；严格履行法定告知义务，履行正常的审批、执行手续，防范败诉风险；正确运用不安抗辩权、违约金、代位权、抵消权、支付令、破产清算。

6. 计量管理

计量管理风险点主要有现场校验结果确认处置不当、计量故障情况未经用户确认、电能计量错接线、电能表底度确认不到位等。

（1）风险点描述。

1）现场校验结果确认处置不当。用户申请电能表现场校验，但不认可校验结果，作业人员沟通处置不当带来的不确定因素。

2）计量故障情况未经用户确认。工作人员在现场未和用户共同对故障现象予以签字确认就排除故障，有可能导致用户事后否认故障现象。

3）电能计量错接线。计量用二次回路或电能表接线错误，导致现场实际电能计量不准。

4）电能表底度确认不到位。装表时未向用户确认新装电能表的初始电量，或在现场更换电能表时未与用户共同抄录和确认被换电能表底度电量导致用户对电能表底度电量不认可的风险。

（2）风险点分析。

1）现场校验结果确认处置不当。用户对校验结果不认可，工作人员处理不当，引发用户投诉。

2）计量故障情况未经用户确认。计量故障现场情况确认告知不规范，计量差错产生电量电费用户不认可，拒交电费，电费无法足额回收。

3）电能计量错接线。造成电量损失或电量差错，引发退补电量电费时，用户不认可；计量串户，欠费实施停电时，造成错停电。

4）电能表底度确认不到位。电能表底度确认不到位，引起电量争议。

（3）防范措施。

1）现场校验结果确认处置不当。制定用户电能表现场申校的作业规范；主动提醒用户如果对现场的校验数据不满，可申请实验室检定，同时可到其他鉴定机构进行校验。

2）计量故障情况未经用户确认。排除故障前，必须和用户一起在现场对故障现象予以签字确认，同时拍摄故障时的现场照片。

3）电能计量错接线。计量装接工作必须两人以上进行，并相互检查；把验收项目作为现场装接作业指导书的重要内容；条件允许的情况下，装接完毕应立即通电检查；完善现场计量器具装接的管理制度；加强对现场装接人员的培训力度，把此类风险发生的概率降到最低程度。

4）电能表底度确认不到位。制定作业规范并纳入作业指导书内容；加强内部控制，完善管理制度，杜绝此类风险；每年开展电力营销现场作业服务调研。

7. 服务规范

服务规范方面的风险点主要有服务意识淡薄、服务技能欠缺、违反"十个不准"、服务形象受损、信息披露不透明等。

（1）风险点描述。

1）服务意识淡薄。工作人员对客户服务需求响应不主动、不及时；服务首问负责制未落实到位，存在互相推诿、扯皮的现象；工作人员服务态度冷漠、粗暴、不耐心，甚至与客户发生争吵事件。

2）服务技能欠缺。工作人员业务不熟悉，岗位操作不规范，无法为客户快速、准确办理各类业务；服务人员缺乏服务技能，不能与客户很好沟通、化解矛盾。

3）违反"十个不准"。违反国家电网公司员工服务"十个不准"禁止性规定。

4）服务形象受损。营业场所未按《国家电网公司形象识别手册》统一、规范应用"国家电网"品牌；服务人员行为举止、仪容仪表违反国家电网公司供电服务规范；业务办理渠道少，客户排长队、拥挤，且无人疏导。

5）信息披露不透明。未按《供电监管办法》要求，在营业场所显著位置公示用电业务的办理流程、电价和收费标准。未设置意见箱、意见簿、投诉电话和电监会监督电话。未按电力监管机构的要求，披露停电、限电和事故抢修处理等信息。对于客户业务咨询未能及时准确答复。

（2）风险点分析。

1）服务意识淡薄。影响客户情绪，造成客户与服务人员对立态度行为。

2）服务技能欠缺。增加客户业务办理时间或重复办理；容易引起客户误解，甚至引发矛盾升级。

3）违反"十个不准"。加重客户负担，给客户带来不必要的麻烦；影响企业形象，严重的还可能触犯法律。

4）服务形象受损。造成"国家电网"品牌形象模糊、混乱，影响企业形象和"国家电网"品牌形象；造成供电企业之间服务质量存在明显差异，整体服务形象下降；造成供电营业场所服务环境恶劣。

5）信息披露不透明。造成客户业务办理不便；造成供电服务监管机构通报；造成客户不满抱怨投诉。

（3）防范措施。

1）服务意识淡薄。严格落实"首问负责制"，积极培育服务理念，树立全员服务、主动服务意识；加强职业道德教育，树立"一切以客户为中心"的思想，端正服务态度，真诚服务客户；引导员工合理应对和缓解工作压力，增强心理素质。

2）服务技能欠缺。健全培训体系，完善培训机制，加强员工服务技能培训，提升服务水平；建立和完善供电服务激励机制，充分发挥员工创造性和积极性。

3）违反"十个不准"。加强职业道德教育，树立正确的职业观，杜绝违反国家电网公司员工服务"十个不准"等情况的发生。

4）服务形象受损。严格按照《国家电网公司形象识别手册》统一、规范应用"国家电网"品牌，不得擅自更改"国家电网"品牌标识。梳理、简化业务流程，合理配备工作人员，自觉维护服务秩序。

5）信息披露不透明。按《供电监管办法（试行）》要求，在营业场所显著位置公示用电业务的办理流程、电价和收费标准；通过有效途径、方式，对外披露停电、限电和事故抢修处理等信息。

8. 故障抢修

故障抢修风险点主要有抢修时限、抢修质量、抢修服务等。

（1）风险点描述。

1）抢修时限。抢修服务响应不及时，未兑现抢修服务时限承诺。

2）抢修质量。故障抢修工作结束后或抢修人员离开现场后，故障现象仍存在、故障未修复或抢修不彻底（影响客户用电）等问题。

3）抢修服务。抢修人员服务态度差及服务不规范。

（2）风险点分析。

1）抢修时限。故障维修时间过长超出客户心理承受范围引发投诉。

2）抢修质量。故障未彻底修复，客户无法正常用电引发投诉。

3）抢修服务。抢修人员威胁客户、与客户发生争吵，对待客户态度差、冷漠等；违反员工服务规范等有关规定。

（3）防范措施。

1）抢修时限。严格执行国家电网公司十项承诺、《供电监管办法》的时限要求。根据国家电网公司《配电网运维细则》，按"低压设备抢修不超过2小时，10千伏单一设备抢修不超过6小时，复杂故障抢修不超过24小时"的基本要求，完成抢修任务。现场抢修任务复杂，超出时限要求时，客户经理及时向客户解释，做好客户沟通工作。佩戴现场抢修记录仪，记录抢修过程。

2）抢修质量。抢修现场首先确认故障原因，初步判断抢修时间，抢修完毕后发放抢修服务满意调查表，制定24小时抢修回访跟踪机制，及时掌握客户不满意信息。

3）抢修服务。严格按照《国家电网公司供电服务规范》要求执行，抢修人员提高服务技能，规范言行用语。

（二）经济赔偿风险及防范措施

1. 风险点描述

（1）家电赔偿：因供电企业供电质量问题引起客户家用设备损坏。

（2）青苗赔偿：因供电企业供电质量问题引起客户青苗损坏。

（3）人员赔偿：因供电企业供电质量问题引起人员伤亡。

2. 风险点分析

（1）家电赔偿：客户对赔偿的规章制度、规定和处理结果及处理时长不满意，引发投诉。

（2）青苗赔偿：客户对赔偿的规章制度、规定和处理结果及处理时长不满意，引发投诉。

（3）人员赔偿：客户对赔偿的规章制度、规定和处理结果及处理时长不满意，引发投诉。

3.防范措施

（1）家电赔偿。加强对电力设施的运行维护，加强客户安全用电常识。根据家电赔偿管理办法，积极取证，和保险公司结合，确保完成客户赔付工作。

（2）青苗赔偿。加强电力施工前，对施工设计要求占地的精确测量。参照政府相关地表及地面作物赔偿文件依法进行赔偿。与当地政府合作签订施工赔偿协议，确保完成客户赔付工作。

（3）人员赔偿。加强对电力设施的运行维护。加强客户安全用电常识的科普宣传，对因供电企业造成的人员伤害，根据人员赔偿管理办法，积极取证，和保险公司结合，确保完成客户赔付工作。

（三）信息不明型风险及防范措施

信息不明型的投诉风险点主要有停限电公告不及时及停电原因不清楚。

1.风险点描述

（1）停限电公告不及时。未按《供电监管办法（试行）》要求，供电设施计划检修停电提前7天公告停电区域、停电线路停电时间，并通知重要用户；临时检修停电的，未提前24小时通知重要用户；因电网发生故障或电力供需紧急等原因需要停电、限电的，未按批准的有序用电方案执行。

引起停电或者限电的原因消除后，未尽快恢复正常供电；欠费停电未提前告知，未发放欠费通知书及停电通知书。

（2）停电原因不清楚。反映没有明确原因，对客户实施中止供电的问题；反映未按公告的停电计划实施，变更停电计划未履行手续的，出现提前停电、延迟停电、延迟送电、提前送电等问题。

2. 风险点分析

（1）停限电公告不及时。造成客户生产生活安排不便、造成客户经济损失、造成客户安全风险。

（2）停电原因不清楚。造成客户对停电情况或延时送电情况不了解，容易情绪波动，引发投诉。

3. 防范措施

（1）停限电公告不及时。严格执行《供电监管办法》，加强停限电管理，在规定时限内向客户公告停电原因、停电时间、停电范围；建立重要用户清单，并按要求通知到位；在各级政府领导下，积极参与有序用电管理，配合编制限电序位表，并严格执行政府批准的限电序位表；严格按照法定程序执行停电公告。严格按照法定程序执行客户欠费停电措施，提前7天送达欠费停电通知书；建立客户清欠后限时恢复供电制度，落实人员24小时内恢复供电。

（2）停电原因不清楚。规范停电告知，采取多种方式对计划停电、故障停电进行告知。每周对停电公告信息进行现场检查，根据恢复送电时间，对客户进行回访，确认送电情况。

（四）其他类型风险及防范措施

其他类型投诉的风险点主要有延伸有偿服务不规范。

1. 风险点描述

强行对产权不属于供电企业的电力设施开展有偿服务；有偿服务收费标准未经物价管理部门批准；进行有偿服务时，未向客户逐步列出修复项目、收费标准、消耗材料、单价等清单，并经客户确认、签字；客户付费后，未开正式发票。

2. 风险点分析

造成有偿服务乱收费；造成服务人员存在不廉洁投诉风险。

3. 防范措施

应客户要求开展有偿服务，让客户自主选择维修单位；有偿服务收费标准须经物价管理部门批准；进行有偿服务时，应向客户逐步列出修复项目、收费标准、消耗材料、单价等清单，并经客户确认、签字；客户付费后，开展正式发票。

二、处理技巧

根据当前优质服务的严峻形势和供电可靠性的具体要求，结合用户日益增多的用电需求和迫切需要，用户在日常的生活和生产过程中，会因为不同情况对供电企业形成各种类型的投诉，无论涉及何种专业、何种类型的投诉情况，我们都应直面用户，必须做到不逃避（先调查落实、后答复用户）、不推诿（部门之间、相互配合）、不扩大（工作失误应及时补救）、不急躁（对待用户、耐心周到）等要求，但同时也要根据实际情况和用户实际要求区别对待、分类处理。

投诉是客户需求和期望未得到满足的一种表现形式。遇到投诉并不可怕，完美无缺的服务是不现实的，满足所有客户的需求和期望是供电企业最完美的奋斗目标，但在实际工作中不可能完全消灭投诉。但是，我们可以通过自身的努力使工作中投诉发生率降低或在第一次投诉事件发生后，通过"有理、有利、有节、有变"的四有工作原则，避免投诉升级，使客户的意见和建议能够在基层给予解决。

如想达到上述工作效果，首先需对客户进行沟通与交流，其次要根据实际情况解决客户反映的问题，最后要和客户通过投诉事件形成良好的供用电关系，起到以点带面的良好效果，整体提升供电企业的优质服务形象。

供电企业在受理客户投诉之后，相关部门工作人员首先要做的是第一时间联系客户，与客户进行沟通和交流，使客户立即感知到自己的诉求得到了尊重和理解，同时在与客户交流的过程中了解被投诉事件的原委，因为这是解决问题的前提和基础。

1. 电话（间接）沟通技巧

（1）做好沟通前的准备工作。沟通前缺乏准备，势必造成沟通过程中"词不达意"的局面，不利于问题的解决。联系客户前要根据客户投诉单上反映的具体问题，进行情况落实，这样才有利于达到沟通目的。

（2）学会倾听。做个忠实的听众，要学会善于倾听客户的心声，只有通过双方间的"倾听、沟通、反馈，再倾听、再沟通、再反馈……"的循环交流，才能明确客户的真正诉求。也只有通过沟通双方的积极配合，才能使沟通的目的得到顺利的实现，并且可以通过倾听客户声音状态、语速快慢、语言组织等情况，来分析客户大概是哪种性格人群，具备怎样的文化程度，从而为下一步能更好地与客户进行沟通交流奠定基础。

（3）择机切入话题。掌握好沟通的时机，对于比较理智的客户，可以在对方表述完自己的要求和对供电企业的看法后，随即跟进用户的看法切入话题，根据情况依照"四有原则"对客户反映的问题进行答复；对于情绪激动的客户，可能不会给工作人员太多讲话的机会，客户会独自、随意的发表个人感受，在交流的过程中不乏出现极端看法、恶语中伤甚至谩骂等情况，对待这类客户就需要工作人员具备良好的心理素质和承受能力，要耐心的等待客户将激动情绪宣泄完毕后，必须以和客户站在同一立场进行沟通，这样才能和客户进行下一步的交流，我们希望达到的目的是和客户通过交流产生共鸣。

（4）言语表达。无论哪种层次（客服、基层）的工作人员都应特别注意自己的言语表达，否则不利于双方的沟通，沟通时，发音要准确，口气要谦和，内容要简明，不用方言，忌用粗话、脏话、怪话、气话。工作人员如做到上述几点，会与客户共同营造一个良好的交流氛围，让客户感受到供电企业是用心在对其进行服务。

（5）问题处理。"说的好"不如"做得好"，对于客户合理要求，属于供电企业服务范围的，我们应本着"优先处理，快速处理"的原则为客户服务，可是对于客户非合理要求，我们首先要向客户表示歉意，并耐心地向客户做出解释，也可借此机会向客户宣贯相关的电力常识和《供用电条例》相关规定，最大程度赢得客户的同理心，如客户不接受，也不能在电话中拒绝客户，可先将客户情绪稳住，要求向领导汇报后再给客户进行答复。这样就不会使投诉升级，也为下一步与客户面对面的交流打好基础。

2. 直面（直接）沟通技巧

（1）先讲感情，后谈工作。如面对面与客户沟通，改变了只闻其声，未见其面的沟通形式，这就需要工作人员到达现场先与客户进行感情上的沟通，再进行工作上的交流。这样会更容易使客户先接纳人再接纳建议，从而缩小对待问题的差距，形成共鸣，最后促成投诉问题有效解决。

（2）察言观色，分析性格。通过和客户沟通来了解客户的需求，在与客户沟通交流的过程中发掘客户的接受程度，并可以通过客户的言谈举止、行为意识大概分析客户属于哪类性格人群（敏感性、情绪性、思考性、想象性），不同性格的人都有自己偏爱的沟通方式，我们应选择对方偏爱的沟通方式进行沟通，这样才容易产生较理想的沟通效果。

（3）"非理"要求，"合理"拒绝。对待部分客户不合理的要求，首先向客户表示真挚的歉意，通过形象、生动的对客户讲解相关电力安全生产规程和普及相应的电力常识，表明供电企业应承担的义务和不承担的责任，同时结合上述两种处理技巧合理地运用群众、媒体、社区、单位等力量，来赢得客户的理解和支持，有效地规避供电企业风险，使客户接受现有答复，不造成投诉升级或二次投诉情况的发生。

（4）解决问题，达成共识，产生共鸣，提升形象。解决好属于供电企业服务范围的用户问题，对易出现投诉的区域和有投诉倾向的客户，在解决其所反映问题后，要和客户建立起良好的供用电关系，也可采取保存对方的个人联系方式，在以后的用电过程中发生问题后可直接联系对方，不通过95598客户进行投诉，降低客户投诉率，直接面对客户，使客户在供电企业优质服务环节上能和我们产生共鸣，有力维护和提升供电企业整体形象。

服务人员进行投诉处理时要注意几大原则。

（1）时效性：重视每一次和客户接触的机会，谨防投诉升级。

（2）同理心：以你所希望被对待的方式对待顾客。

（3）双赢互利：在公司的利益和客户的需求中找到平衡点。

服务人员在面对客户投诉时的心理准备：① 理解客户，包括了解客户问题、理解客户冲动，表示同样的感想等；② 承担责任，代表公司接受投诉，并处理、解决问题；③ 处理准备，控制不良情绪，做到冷静、耐心、细心。

名 词 解 释

【投诉】

投诉是指客户因对产品或服务质量不满意而引发的不满情绪，通过口头或书面等方式向相应部门或单位进行申诉，并提出相关要求，实质上是客户对自己的需求或期望没有得到满足的一种表述。

【投诉的内涵】

Complaint 一词来源于拉丁语 Cunplangere，曾经表示伤心、后悔的意思，后来逐渐发展到"找寻缺点"。如今，当人们投诉时，投诉不仅意味着寻找缺点、表达不悦，甚至可能是对企业进行起诉。

公众在面对不满意的服务时有两种选择：表达（voice）或退出（exit），"表达"这种选择是指组织良好的公民群体通过直接的抱怨或非直接的手段，向服务提出者施加压力的机制。强调客户投诉是一种外在行动，行动的发生取决于行动带来的效用与行动成本的比较。

美国学者 Day 将投诉定义为不满意感受导致的行为，认为客户投诉是由客户不满意引起的，并将客户投诉界定为不满意感受导致的行为。没有这种不满意的感受，投诉便不是真正的投诉行为，而只是一种"博弈"行为或"谈判"手段。

日本的中村卯一郎则认为，消费者投诉行为是指由于认知不满的情感或情绪所引起的反应，通俗地说投诉行为是指消费者对商品或服务品质不满的一种具体表现。

Jacoby & Jaccard 认为，客户投诉是个人为了传达产品或服务的负面信息而向企业或第三方实体采取的行动。这一表述强调了个体投诉的行为特性是传达负面信息。

Singh 回顾了以往的研究成果，给出了一个大家普遍认同的定义：客户投诉是指客户由于在接受服务时感到不满意，受不满心理驱使而采取的一系列（不一定是单一的）行为反应。

ISO 10002：2004《质量管理 客户满意组织投诉处理指南》第 3.2 条将投诉定义为由于产品质量或投诉处理本身没有达到客户的期望，客户向组织提出不满意的表示。

投诉者是"提出投诉的个人、组织或他们的代理人"。投诉者可以是客户本人，即接受产品的客户，也会是某个组织，或称集团客户。

【现场投诉】

现场投诉主要为电力营业厅现场投诉，即用电客户在电力营业厅现场向营业厅服务人员发泄不满情绪，提出改善意见等。该类投诉内容多为业务办理时间过长、流程烦琐，营业厅环境或设施不便，营业厅服务人员态度、业务水平不高，电费交纳不便或出现差错等与营业厅功能联系较为紧密的事项。该类投诉最为传统，最能影响投诉客户感知度，因此对营业厅服务人员素质水平要求较高。

【95598 热线投诉】

电力服务热线 95598 属于呼叫中心的一种，其功能覆盖电费电量查询、停电情况查询、欠费提醒、故障报修、投诉举报、电费扣款信息及电力宣传等方面。国家电网公司开展"三集五大"改革后，全国95598热线始由国家电网南方、北方客户服务中心进行集约化管理，将各类工单进行统一记录、管理、响应，其中对投诉举报类工单最为重视。该类投诉渠道最为便捷，响应力度也最为显著，随着95598宣传力度的增大，用电客户对选择这类投诉渠道的倾向性更为明显。

【第三方投诉】

第三方投诉主要包含媒体、行风监督、12398热线、12315消费者维权热线等。该类型投诉为间接型投诉，即投诉受理对象为非电力企业。这类投诉渠道的开通意义在于促进电力企业加强管理、维护社会公众的合法利益、促进对电力违法行为的查处工作及促进电力监管工作人员廉洁自律。因此，第三方投诉对电力业务的相应情况较弱，用电客户一般不会选择该类投诉渠道进行投诉。